성적 다양성, 두렵거나 혹은 모르거나

THE NO-NONSENSE GUIDE TO Sexual Diversity

by Vanessa Baird

ⓒ New Internationalist Publications Ltd 2007

This translation from English of THE NO-NONSENSE GUIDE TO Sexual Diversity

first publishes in 2007 by arrangement with New Internationalist Publications Ltd., Oxford, UK.

All rights reserved.

Korean translation copyright ⓒ 2007 by E-Who(Siwool) Publishing Co.

Korean edition is published by arrangement with New Internationalist Publications Ltd

through Imprima Korea Agency.

이 책의 한국어판 저작권은 Imprima Korea Agency를 통해

New Internationalist Publications Ltd와의 독점계약으로 도서출판 이후에 있습니다.

저작권법에 의하여 한국 내에서 보호를 받는 저작물이므로 무단전재와 복제를 금합니다.

《아주 특별한 상식 NN-성적 다양성》

성적 다양성, 두렵거나 혹은 모르거나

바네사 베어드 | 김고연주 옮김

《아주 특별한 상식 NN》이란?

우리 시대의 핵심 주제를 한눈에 알게 하는 《아주 특별한 상식 NN》

　이 시리즈는 2001년에 영국에서 처음 출간되기 시작했습니다. 'The NO-NONSENSE guide' 라는 이름을 갖고 있었으나 한국판을 출간하면서 지금 이 시대를 살아가는 우리가 꼭 알아야할 '특별한 상식' 을 이야기해 보자는 뜻으로 《아주 특별한 상식 NN》이란 이름을 붙였습니다. 세계화, 기후변화, 세계의 빈곤처럼 복잡하면서도 중요한 전 세계의 쟁점을 쉽게 이해할 수 있도록 기획된 책입니다.

　각 주제와 관련된 주요 논쟁거리를 쉽게 알 수 있도록 관련 사실, 도표와 그래프, 각종 정보와 분석을 수록했습니다. 해당 주제와 관련된 행동에 직접 나서고 싶은 독자를 위해서는 세계의 관련 단체들이 어디에 있으며, 어떤 일을 하고 있는지 소개해 놓았습니다. 더 읽을 만한 자료는 무엇인지, 특별히 염두에 두고 읽어야 할 정보들은 어떤 것이 있는지도 한눈에 들어오게 편집했습니다.

　우리 시대의 핵심 주제들을 짧은 시간에 쉽게 파악할 수 있게 도와주는 이 시리즈에는 이 책들을 기획하고 엮은 집단 '뉴 인터내셔널리스트New Internationalist' 가 지난 30년간 쌓은 노하우가 담겨 있으며, 날카로우면서도 세련된 문장들은 또한 긴박하고 역동적인 책읽기의 즐거움을 느끼게 해 줄 것입니다.

다음 세대를 살아가는 데 알맞은 대안적 세계관으로 이끌어 줄 《아주 특별한 상식 NN》 시리즈에는 주류 언론에서 중요하게 다루지 않는 특별한 관점과 통계 자료, 수치들이 풍부하게 들어 있습니다. 이 시대를 살아가는 데 꼭 필요한 주제를 엄선한 각 권을 읽고 나면 독자들은 명확한 주제 의식으로 세계를 바라볼 수 있게 될 것입니다.

《아주 특별한 상식 NN》이 완간된 뒤에도, 이 책을 읽은 바로 당신의 손으로 이 시리즈가 계속 이어질 수 있기를 바랍니다.

《아주 특별한 상식 NN》, 어떻게 읽을까?

〈본문 가운데〉

▶ 용어 설명

본문 내용 가운데 특별히 중요한 용어는 따로 뽑아 표시해
주었다. 읽는이가 꼭 짚고 넘어가야 할 개념이나 중요한 책
들, 사회적으로 의미가 있는 단체, 역사적 사건에 대한 설
명 들이 들어 있다.

▶ 인물 설명

역사적으로 중요한 인물, 각 분야의 문제 인물의 생몰연도
와 간단한 업적을 적어 주었다.

▶ 깊이 읽기

본문 내용을 이해하는 데 부차적으로 필요한 논거들, 꼭 언
급해야 하는 것이지만 본문에서 따로 설명하지 않고 있는
것들을 적어 주었다.

▶ 자료

원서에 있던 자료를 그대로 쓴 것이다. 본문을 읽을 때 도
움이 될 통계 자료, 사건 따위를 설명하고 있다.

〈부록에 실은 것들〉

▶ 본문 내용 참고 자료

원서에 있던 자료 가운데, 본문과 따로 좀 더 심도 깊게
들여다보면 좋을 것들을 부록으로 옮겨 놓았다.

▶ 관련 단체

해당 주제와 관련된 활동을 펼치는 국제단체를 소개하
고, 웹사이트도 실어 놓았다.

▶ 참고 문헌

더 찾아보고 싶은 자료들이 있다면 해당 주제와 관련된
정보를 친절하게 실어 놓은 부록을 통해 단행본, 정기간
행물, 웹사이트 주소를 찾아보면 된다.

▶ 함께 보면 좋을 책과 영화

이 책과 더불어 보면 좋을 책과 영화를 소개해 놓았다.

차례

1장 성적 다양성을 바라보는 세계의 시각

2장 여기 혁명이!

3장 동성애의 역사로 살펴본 세계

N 4장 호모포비아

N 5장 성적 통제의 정치

6장 종교와 동성애자

7장 과학과 성적 다양성

8장 트랜스젠더의 세계

NO-NONSENSE

차이가 차별을 부르는
세상을 넘어서게 해 주는 책

제프리 윅스(Jeffrey Weeks, 영국 사우스 뱅크 대학교 사회학과 교수)

성적 다양성은 역사적으로, 삶의 익숙한 사실로 간주되어 왔다. 모든 사회는 성적 다양성과 함께 살아가는 방법을 모색해야만 했다. 그러나 대부분 참담하게 실패했다.

지난 수세기 동안 북반구의 산업화된 제1세계에서 성적 다양성을 규제하고 통제하려는 시도는 주로, 정상으로서의 이성애와 비정상적이고 변태적이라 여겨지는 동성애를 명백히 구분하는 데 집중되었다. 이는 교회와 국가에 의해 신성시되었고 교육, 의학, 사회복지, 대중의 편견에 의해 지속되었으며 심지어 집 모양에까지 반영되었다.

세계의 여러 지역에서 성적 다양성은 크게 두 가지 방식으로 통제되어 왔다. 어떤 문화에서는 전통적으로 남성이 권력을 지니고 있음에도 동성 간의 성적 행위가 청소년에서 성인이 되는 의식의 하나로 간주된다. 또 다른 문화에서는 특히 종교적 의식이나 성 매매에 있어서 간성intersexual이거나, 여성적이거나, 남성적이지 않은 남자에게 특수한 역할을 부여한다.

각각의 문화들에서 어떠한 경향을 보이건 간에 성적 다양성에 대한 규제와 통제에는 특정한 공통점이 존재한다. 그 공통점은 일반적으로 남성의 섹슈얼리티와 관련된다는 사실이다. 성적 다양성에 대한 규제와 통제는 성적 차이를 전통적 가치보다 부차적인 것으로 취급하고, 문화적 규범으로서의 전통적 성 역할에 들어맞지 않는 이들을 비난하고 주변화시켰다. 그러나 여자와 남자에게 존재하는 성적 다양성을 결코 없애지 못했다.

오늘날 달라진 것은 역사에 의해 철저히 가려지고 눈에 보이지 않던 이들이 수면 위로 등장했다는 점이다. 성적으로 주변화된 이들이 전 세계적으로 인권과 평등과 정의를 주장하고 있다. 이들은 편견과 차별, 동성애 혐오와 억압에 대해 자신들이 처한 상황에 따라 다양한 방법으로 저항하였다. 1960년대 이후 부유한 국가에서는 완전한 승인은 물론 아니지만 상대적으로 용인하는 분위기가 대체로 형성되었다.

세계의 또 다른 곳에서는 여전히 많은 사람들이 게이와 레즈비언, 트랜스젠더라는 이유로 지속적으로 폭행을 당하거나 심지어 살해되기도 한다.

이러한 저항에는 지역에 따라 다양한 차이가 있지만 저항에 관한 담론과 정의를 요구하는 목소리가 전 지구적으로 생겨나고 있다. 세계가 변화하고 있는 것이다.

바네사 베어드의 생생하고 빠져들지 않을 수 없는 책《아주 특별한 상식 NN—성적 다양성》은 그 이유를 이야기한다. 이 책은 섹슈얼리티에 관한 역사와 다양한 문화를 이야기하면서 동시에 현재의 논쟁들에도 관여한다. 또한 이 책은 성적 다양성을 인정하고 존중하는 것을 목표로 하는 투쟁을 조망하면서 그러한 투쟁에 기여한다. 나아가 성적 다양성을 인간성의 필수적인 부분으로 위치시키고 있다.

1. 인명 · 지명 · 작품명은 될 수 있는 한 '외래어 표기법'(1986년 1월 문교부 고시)과 이에 근거한 「편수자료」(1987년 국어연구소 편)를 참조해 표기했으나, 주로 원어에 근접하게 표기하는 것을 원칙으로 삼았다. 단, 국내에 전혀 알려져 있지 않거나 잘못 알려진 경우가 아니라면 이미 널리 알려진 표기법은 그대로 사용했다.

2. 본문에서 읽는이의 이해를 돕기 위해 간단한 설명이나 덧붙이고 싶은 말이 있을 경우에는 괄호 안에 적거나 본문과 다른 모양으로 편집해 넣었다. 단, 옮긴이가 덧붙인 경우 '옮긴이'라고 적었다.

3. 단행본 · 전집 · 정기간행물 등에는 겹낫쇠(『 』)를, 논문 · 논설 · 단편 제목 등에는 홑낫쇠(「 」)를, 논문 제목 · 영화 · 연극 · 방송 등에는 단꺾쇠(〈 〉)를 사용했다. 단체 이름에는 작은따옴표(' ')를 썼다.

4. 원서에 있던 본문 주석은 모두 부록으로 뺐다.

5. 성 관련 연구자들조차 용어에 대해 혼란스러워하고 있으며, 아직 개념 합의가 되지 않은 용어들이 많이 남아 있다. 이 책에서 쓰고 있는 것은 다음과 같다.

   ▶성sex은 몸과 관련이 있다. 곧 생물학에 관한 것이다. 예를 들어 여자, 남자, 자웅동체/간성 등이다.
   ▶젠더gender는 사회적으로 구성된다. 예를 들어 여성, 남성, 트랜스젠더 등이다.
   ▶섹슈얼리티sexuality는 욕망 및 성적 지향과 관련이 있다. 예를 들어 이성애, 동성애, 양성애 등이다.

   이 밖에도 자주 사용되는 용어로는 엘지비티(LGBT)가 있는데 이는 레즈비언, 게이, 양성애자, 트랜스젠더의 이니셜이다. 현재 많은 성 소수자 단체들이 자신들을 지칭하는 용어로 사용하고 있다.
   트랜스젠더는 이성 복장 착용자transvestites, 이성 복장 선호자cross-dressers, 트랜스섹슈얼, 간성/자웅동체, 거세된 남자 등을 포함하는 넓은 의미의 용어다.

21세기의 중요한 화두, 성적 다양성

성은 흥마롭다. '성적 다양성'을 다루는 책은 시야를 넓게 열어 준다. 단순히 "그것이 무엇을 의미하는가?"라는 질문에 대한 대답에 불과하더라도 말이다.

그러니 이 책이 무엇에 관한 것인지를 단도직입적으로 얘기하도록 하자. 이 책은 게이, 레즈비언, 양성애자, 이성 복장 선호자, 이성 복장 착용자에 관한 책이다. 또한 자신의 사회적 · 생물학적 성별 정체성이 자신들이 느끼는 젠더 정체성과 일치하지 않는다고 생각하는 트랜스섹슈얼이나 트랜스젠더 그리고 거세된 남자, 간성(남성과 여성 두 가지 형질을 동시에 지니고 있는 사람. 옮긴이)/자웅동체에 관한 책이다.

●이성 복장 선호자와 이성 복장 착용자─이성 복장 선호자(크로스드레서)와 이성 복장 착용자(트랜스베스타잇)는 둘 다 이성 복장자이지만, 이성 복장 선호자는 단순히 이성의 복장을 하는 것을 좋아하는 반면 이성 복장 착용자는 성적인 쾌감을 느끼기 위해 이성의 복장을 한다는 점에서 구별된다. 옮긴이
▶출처 ─ 성적 소수자 사전. http://kscrc.org/bbs/zboard.php?id=press_dictionary
ⓒ한국성적소수자문화인권센터, 2002~2004 참고.

이들 모두는 다르다는 이유로 자신들이 사는 지역과 상황에 따라 다양한 차별과 박해를 받았다.

이들은 인권을 위해 투쟁했다. 있는 그대로의 자신이 될 수 있는 권리, 폭력과 괴롭힘을 당하지 않을 권리를 주장했다. 또한 삶과 자유와 생계를 잃지 않고 원하는 성적 관계를 맺을 수 있는 권리와 동등한 시민으로 인정받고 모든 인간이 누려야 할 존엄성을 지닌 인간으로 대우받을 권리를 주장했다.

이 책은 성적 다양성이 인권에 관한 것이라는 전제를 깔고 있다. 따라서 소아 성애, 수간 등과 같이 '규범을 벗어난 성적 행위들'이지만 인권에 관한 문제라고 합의되지 않은 것들은 다루지 않았다.

성이나 젠더에 관한 사회적 규범을 따르지 않는 이들은 언제나 존재했다. 때때로 이들은 상당한 사회적 승인을 즐기기도 했고, 때로는 기록에서 삭제될 정도로 가려지고 은폐되기도 했다. 우리는 현재 극적이고 모순적인 시대에 살고 있다. 한편에는 열린 마음과 승인, 토론과 관심 들이 존재하고 다른 한편에는 잔인함과 닫힌 마음, 적대감, 근본주의자, 소위 '전통주의자' 들이 존재한다.

그러나 한 가지는 분명하다. 21세기에 성적 다양성이라는 문제는 절대 사라지지 않을 것이라는 점이다. 십 년 전만 해도 동성애가 '존재하지 않는다'고 간주했던 제3세계 국가들에서 동성애에 대한 토론이 활발히 이루어지고 있다. 더 부유한 국가들에서는 트랜스젠더 해방운동의 등장과 증가가 여성과 남성이라는 성별

이분법에 대한 오래된 믿음에 문제를 제기하고 그 뿌리를 흔들고 있다.

변화는 빠르게 일어나고 있고 그에 대한 반응도 마찬가지다. 급격하게 전 지구화되고 있고 또한 근본주의적으로 변하고 있는 세계에서 성과 젠더에 대한 급격한 변화는 다른 어느 때보다도 빠르게 전 세계에 영향을 미치고 있다.

N▷ 1 성적 다양성을 바라보는 세계의 시각

사진 ⓒ 동성애자인권연대

다양한 성적 취향을 가진 이들을 대하는 전 세계의
태도는 어떻게 달라지고 있는가?
성적 다양성에 대한 정치적 거부감이 아시아에서
더 강한 까닭은 무엇인가?
제3세계 사람들이 스스로의 성적 정체성을 거부하
는 경향이 큰 까닭은 무엇인가?

성적 다양성을 바라보는 세계의 시각

세계화는 성적 담론에도 영향을 끼치고 있다. 이것은 성적 정체성과 가난에 미치는 영향을 포함한다. 지금 세계의 성은 미묘한 상황으로 치닫고 있다.

나는 윌리엄 에르난데스William Hernandez가 말하는 동안, 성에 낀 유리창 너머로 보이는 팔짱을 끼고 서성이는 한 남자의 뒷모습을 상상할 수 있었다. 조금 전에 윌리엄은 나에게 저 사람들이 여기에 있는 이유를 물어 봤다. 나는 "안전을 위해"라고 대답했다. 파시스트들이 지속적으로 신체적 위협을 가해 오고 있었기 때문이다.

윌리엄은 살짝 미소를 지어 보였다. 로마에서 열리는 성적 소수자 활동가들의 국제 모임에 참여하기 위해 엘살바도르에서 온 윌리엄에게 이곳은 '또 하나의 집'이었다.

윌리엄은 산살바도르에 기반을 둔 '친구들 사이Between Friends'라는 단체의 구성원들과 자신이 처한 상황을 설명하면서 "지난 이 년 동안 우리 동료들 중 스무 명이 살해당했습니다. 그 중에서 단 두 건만이 경찰의 수사를 받았습니다."라고 말했다.

윌리엄 자신도 살인자들에게 쫓기는 처지였다. 윌리엄은 생명의 위협을 받고 있었다. 누군가가 '친구들 사이' 단체의 사무실에 침입하여 서류를 뒤졌다. 윌리엄은 경찰에 신변 보호를 요청했지만 경찰은 이를 받아들이지 않았다.

수년 전이었다면 윌리엄 같은 상황에 처하더라도 체념했겠지만 윌리엄은 포기하지 않았다. 대신에 '국제사면위원회Amnesty International'와 '국제 게이·레즈비언 인권 위원회International Gay and Lesbian Human Rights Commission' 같은 인권 단체에 연락하였다. 그 단체들은 국제적인 캠페인을 시작했고, 마침내 '친구들 사이'는 경찰의 보호를 받게 되었다.

'친구들 사이' 사례는 최근에 성적 다양성 정책이 얼마나 빠르게 변화하고 있는지를 보여 준다. 또한 성적 소수자들 중 점점 더 많은 사람들이 최악의 상황에서조차 더 이상 침묵하지 않을 것이라는 사실을 알려 준다. 그리고 국제적 네트워크의 효율성을 증명한다. '친구들 사이'의 단체로서의 본질도 매우 중요하다.

"간성을 제외하고 레즈비언, 양성애자, 이성 복장 착용자, 트랜스섹슈얼 등 모든 성 소수자들이 우리 단체에서 활동하고 있습니다. 머지않아 간성도 함께 하게 될 것입니다. 우리 단체에 오는 사람들은 성 판매자, 약물 중독자, 도둑 등 도시에서 가장 주변화된 사람들입니다."

윌리엄은 다양성과 사회적 포용이 단체정신의 핵심이라고 말했다.

십 년 전만 해도 부유한 국가의 레즈비언이나 게이는 아프리카, 아시아, 라틴아메리카에 사는 그들의 동료들에 대한 정보를 접하기 어려웠고 동성애는 종종 은폐되었지만, 오늘날은 그렇지 않다. 동성애가 폭발적으로 가시화되고 있으며 그에 대한 반응까지 상당하다.

짐바브웨의 대통령 로버트 무가베Robert Mugabe는 동성애가 "개, 돼지만도 못하다."고 독설을 퍼부으며 하라레Harare에서 열린 1995년 짐바브웨 국제 도서 전시회에서 '짐바브웨의 게이와 레즈비언 단체(Gays and Lesbians of Zimbabwe, GALZ)'의 전시를 금지하였고, 이 사건은 전 세계에 보도되었다. 역설적으로 그 도서 전시회는 '짐바브웨의 게이와 레즈비언 단체'의 입지를 더욱 공고히 하였다. 그 이슈의 국제화를 강조라도 하듯이 무가베 대통령이 영국을 방문했을 때 게이 인권 운동가인 피터 탯첼Peter Tatchell은 자신의 친구들에게 범죄를 저질렀다는 죄목으로 '시민에 의한 체포citizen's arrest' ▪를 시도했다. 탯첼과 그 동료들의 행동에 격노한 무가베 대통령은 영국 수상 토니 블레어에게 '동성애자 조폭'에 대해 비난하였다.

인도에서는 동성애자 공격에 대한 찬반 여론을 다루느라 미디어가 과열되었는데 특히 인도에서 레즈비언은 상대적으로 새로운 주제였다. 한 기사는 게이와 레즈비언의 불쌍한 자녀들은 "바보이거나 미치거나 범죄자가 되거나 또는 이 세 가지가 모두 합해져서" 인생이 끝장날 것이라고 주장했다. 그러나 곧 "누가 남자를 필요로 하는가?"라는 또 다른 기사가 실렸다. 동성애를 범

시민에 의한 무가베 대통령의 체포

게이 인권 단체인 '분노!Outrage!'의 활동가인 피터 탯첼과 동료 세 명(존 헌트John Hunt, 알리스테어 윌리엄스Alistair Williams, 크리스 모리스Chris Morris)이 "살인, 고문, 비재판 구속 등 동성애자의 인권 유린"이라는 죄명으로 무가베 대통령에게 '시민에 의한 체포'를 시도했다. 그들은 짐바브웨의 신문을 통해 저널리스트 레이 초토Ray Choto와 마크 차분두카Mark Chavunduka가 고문을 당했다는 사실을 알고 있었다. 국제사면위원회에 따르면 군대의 고문관들이 주먹, 나무판자, 고무 막대기로 레이와 마크를 폭행했고, 성기를 비롯한 전신에 전기 고문을 했으며, 질식할 때까지 물고문을 가했다. 영국에서는 1986년 체결된 '고문에 관한 유엔 협약'에 근거하여 1988년에 형사사법법이 제정되었는데, 이 법의 134조항은 세계 어느 곳에서나 고문을 한 이는 누구라도 영국에서 기소될 수 있다는 내용을 담고 있었다. 또한 1984년에 체결된 '경찰 및 형사증거법'의 24조항은 일반 시민에게도 범죄자를 체포할 수 있는 권리를 부여하였다. 탯첼과 동료들은 이 권리를 행사하려고 했으나 경찰들은 시민들이 무가베 대통령을 체포한 현장에 도착하자 대통령이 빠져나가도록 도왔고, 오히려 그들을 체포하였다. 그들은 일곱 시간 동안 감옥에 갇혀서 사진과 지문을 찍고 디앤에이 샘플을 채취당하는 등 범죄자 취급을 당했다. 그들은 무가베 대통령이 짐바브웨 행 비행기를 탈 때까지 풀려나지 못했고, 무가베 대통령을 모욕했다는 이유로 기소될 예정이었다. 그러나 무가베 대통령과 경호원들이 증언하러 영국에 오지 않겠다는 뜻을 밝혀 와 기소가 취소되었다. 옮긴이

▶ www.petertachell.net, 'Citizens Arrest of Mugabe in London' 참조.

죄로 볼 것인가 하는 데 대한 찬반 논쟁은 지금도 지속되고 있다.

또한 인도에서는 2000년 말에 여섯 번째로 히즈라hijras가 관료로 선출(238쪽, '정치인이 된 거세된 남자' 참고)되었다. 이는 몇 년 전부터 시작된, 퇴출되었던 거세된 남자가 가난한 사람들의 믿음직스러운 정치적 대변자가 된 추세를 이어 가는 것이다.

세계는 남아프리카공화국과 에콰도르를 홍미롭게 지켜보고 있다. 이 두 국가는 세계 최초로 성적 취향을 차별 반대 조항에 포함시키고 헌법으로 명문화하였다.

덴마크를 시작으로 네덜란드는 동성애자의 결혼을 허용하고 법적 권리를 인정하였다. 이것은 멀리 떨어진 베트남과 멕시코에도 영향을 미쳐 베트남과 멕시코는 유사한 조항을 마련하였다.

2001년 6월에 유엔의 활동가 여섯 명이 자신들을 포함한 활동가들이 레즈비언, 게이, 양성애자, 트랜스젠더의 인권 침해 문제를 함께 할 것을 촉구하는 합동 성명을 유엔과는 별개로 발표하였다. 이것은 유엔이 성적 소수자 문제에 직면할 것을 요구하는 투쟁에 있어서 역사적인 사건이 되었다.

성적 다양성에 관한 정보들을 세계화하는 데 가장 큰 공헌을 한 것은 인터넷이었다. 동성애에 대해 엄격히 금지하고 처벌하는 국가에 살고 있는 개인들조차 서로 연락하고 네트워크를 형성할 수 있었다. 예를 들어, 아랍에는 이슬람 법 아래 살고 있는 레즈비언, 게이, 트랜스젠더들을 위한 사이트들이 많이 있다.

물론 모든 사람들이 인터넷을 사용할 수 있는 것은 아니지만 인터넷은 자신의 섹슈얼리티를 숨겨야 하는 곳에 살고 있는 성적

소수자들이 고립되지 않도록 하는 데 도움을 주고 있다.(248쪽, '관련 단체' 홈페이지와 연락처 참조)

전통 침입

그러나 세계화는 거대한 이면을 지니고 있다. 냉전 이후 가속화된 경제적 세계화로 인해 부자들은 가난한 자들을 착취하여 특전을 누리고 있다. 다국적기업이 임금이 낮고 노동법이 제대로 제정되지 않은 국가에 들어와서 노동조합에 많은 영향을 미쳤다는 사실은 잘 알려져 있다. 그러나 다른 곳에서 더 나은 이윤을 제시하면 다국적기업은 바로 철수한다.

차이와 개성이 사라지면서 전 세계 문화와 경제가 디즈니화 되는 것을 모든 사람이 목격하고 있다.

자카르타와 페루의 미디어는 게이와 레즈비언에게 그들이 강요받는 이성애적 규범보다 더 쉽게 받아들일 수 있는 서구 동성애 문화를 보여 주었다. 그러나 세계 미디어의 대부분을 소수의 서구 기업이 소유하고 있기 때문에 동성애 문화를 공유하기 위해서는 따로 돈을 지불해야만 했다.

이러한 문화의 세계화 및 유례없던 성의 상업화에 대한 강력한 도전은 종교적 근본주의를 수용한 국가들에서 시도되고 있는 것으로 보인다.

데니스 알트만Dennis Altman은 저서 『글로벌 섹스Global Sex』에서 변화의 속도가 너무 급격하기 때문에 사람들이 혼란스러워 하

고 있으며, '전통적 가치'로 되돌아가는 모습을 보이고 있다고
지적했다. 알트만은 "세계가 소비 자본주의의 영향 아래 놓일수
록 세계화를 거부하려는 시도는 더욱 격렬해질 것"이라고 전망했
다.[1]

다시 부상하는 전통적 가치는 돌봄, 나눔, 연민 등과는 별로 관
련이 없다. 오히려 권위주의, 가부장제, 민족주의, 외국인 혐오 등
을 강화하기 때문에 주로 여성과 인종적·성적 소수자들이 희생
자가 된다.

세계적으로 적어도 일흔 개의 국가가 동성애를 불법으로 간주
하고 있다. 이 중 동성애자를 사형에 처하는 일곱 개 나라는 모두
무슬림 근본주의 국가들이다. 이란에서는 해마다 약 이백 명의
사람들이 성적 취향 때문에 처형된다. 국제사면위원회는 아프가
니스탄과 사우디아라비아에서 최근에 처형된 동성애자와 트랜스
젠더에 대해 보고했다.

심지어 경제적 세계화와 자유 시장 경제 이데올로기를 받아들
인 국가들에서조차 사회 변화의 속도에 보수적인 반응을 보이고
있다. 말레이시아와 인도네시아는 확대되고 있는 전통적인 '아
시아적 가치'를 서구적 가치에 대한 대항으로 보고 있다.

그러나 환영받고 있는 전통적 가치들은 여성들을 종속적인 위
치에서 벗어나지 못하게 하고, 동성애자와 트랜스젠더들을 배제
한다. 말레이시아의 수상 모하마드 마하티르Mohamad Mahathir는
자신의 정치 경쟁자 안와르 이브라힘Anwar Ibrahim을 동성애를 했
다는 혐의로 구속시켰다. 동성애는 외국에서 생겨난 것이고 아시

아적 가치를 훼손시키므로 반드시 막아야 한다는 이유에서였다.

짐바브웨의 무가베 대통령도 서구 저항과 동성애 반대를 같은 선상에 놓고 있다. 무가베 대통령과 마하티르 수상 모두 강력한 반식민 입장을 채택함으로써 약해진 정치력을 지탱하려고 했다. 그러나 역설적이게도 그 방법은 국가를 '정화시킨다'는 명목 아래 구태의연하고 식민주의적인 반동성애 정책을 시행하는 것이었다. 이것이 전달하고자 하는 바는 명백하다. 이성애를 벗어나는 것은 서구를 따르는 것이고, 아프리카답지 않으며, 아시아적이지 않기 때문에 그 사회에는 발붙일 데가 없다는 것이다.

우리는 어디에나 있다

동성애자 해방운동의 전통적인 슬로건인, "성적 소수자는 어디에나 있다sexual minorities are everywhere"는 어떤 물음에 대한 대답일까? 지난 수년 동안 개발도상국에서 생겨난, 단체 이름에 '게이', '레즈비언', '트랜스젠더' 같은 용어를 사용하는 단체들의 수는 이 개념을 확실히 반영하는 듯하다. 그러나 이것은 그렇게 간단하지 않다.

동성애자 정체성이라는 사고는 보편적이지 않다. 그것이 보편적이라는 견해는 서구의 인종주의적인 사고의 일환으로 볼 수 있다. 제3세계의 많은 사람들이 실제로 부유한 국가들의 사람들과 동일한 방식으로 자신이 '동성애자'라는 정체성을 가지고 있다. 제3세계의 사람들 중 어떤 이들은 중산층이거나 엘리트여서 국제적인 사고와 미디어를 접했을지도 모른다. 또는 북미, 유럽, 호주, 뉴질랜드를 방문했을 수도 있고 그곳에서 공부를 했을 수도 있다.

그러나 제3세계의 더 많은 사람들이 자신을 동성애자라고 전혀 생각하지 않으면서 실제로 동성애를 하고 있다. 그들은 자신이 원한다면 동성애자가 되지 않고서도 동성애를 할 수 있다.

작가인 제레미 시브룩(Jeremy Seabrook,《아주 특별한 상식 NN―세계의 빈곤》편, 『세계의 빈곤, 누구의 책임인가?』의 저자)은 인도 반도에서 동성과 성 경험을 한 많은 남성들을 인터뷰한 결과 이것이 사실임을 밝혀냈다.

시브룩은 1998년 델리 공원에서 연구를 하면서 남자들이 성적 파트너로 남자를 찾는 여러 가지 이유를 알게 되었다. 이주민 마을에 여자가 적기 때문에 젊은 남자 성 판매자를 찾게 되고, 남자와의 성 관계가 인체면역결핍바이러스(HIV)를 비롯한 성병에서 '더 안전하다'는 믿음도 이유에 포함된다고 한다. 그러나 그들은 자신이 동성애자이기 때문에 남자와 성 관계를 했다고는 말하지 않았다. 그리고 여기에 더해 시브룩은 그들에게서 '서구에 대한 당황스러운 낯설음'이라는 문화적 관행과 태도를 발견했다.[2]

이러한 관행은 전 세계에 굉장히 널리 퍼져 있다. 또한 '동성애자 정체성'이라는 서구의 개념 없이, 많은 동성애 문화가 번영하였다. 예를 들어 아프리카계 수리남 여자들은 남자와 성적 관계를 가지면서 동시에 대부분 공개적으로 여자와 성적 관계를 가진다. 이들은 서로를 '마티mati'라고 부르며 깊은 관계를 오랫동안

마을에서 버림받은 망위로

폴리야나 망위로Poliyana Mangwiro는 열네 살 때 자신이 '여자를 사랑하는 여자'라는 사실을 깨달았다. 그러나 아무에게도 그 사실을 말하지 않았다.

"나 스스로도 나에게 무슨 일이 일어나고 있는지를 제대로 알 수 없었어요. 당시엔 '레즈비언'이라는 단어를 알지 못했어요. 내가 살았던 시골에서는 아무도 그 단어를 몰랐어요."

그래서 망위로는 대부분의 시골 소녀들과 마찬가지로 결혼을 했고, 열일곱 살에 두 아이의 엄마가 되었지만, 스무 살에 남편에게서 도망쳤다.

"나는 '이 남자를 사랑하지 않으니 여기를 떠나자'고 결심했어요."

망위로는 하라레로 가서 1989년에 새로 생긴 레즈비언, 게이 단체인 '짐바브웨의 게이와 레즈비언 단체'에 가입했고, 1995년에 짐바브웨 국제 도서 전시회에서 자원 활동을 했다. 그때 반동성애자 단체 하나가 그 단체를 습격한 뒤 언론에 알려지자 망위로는 협박에 시달리기 시작했다. 가족을 포함해서 마을 사람들은 망위로가 고향 마을에 돌아오는 것을 반대했다.

"마을 사람들은 내가 동성애자고, 동성애는 백인들의 것이기 때문에 내가 그 마을의 구성원이 될 수 없다고 말했어요."

망위로는 이제 마을 사람들을 원망하지 않는다.

"마을 사람들은 몰랐을 뿐이에요. 이제 마을 사람들은 레즈비언도 다른 사람들과 마찬가지로 사람이라는 사실을 깨닫기 시작했어요."

하라레에서 아버지와 함께 살고 있는 열여섯 살과 열여덟 살이 된 두 아들은 어머니에게 굉장히 힘이 되는 존재다. 망위로는 시골을 찾아가 홍보하고 상담하는 아웃리치 프로그램을 매우 소중히 생각한다.

"여기에 우리가 존재한다는 사실과 게이나 레즈비언이 되는 것 역시 우리 문화의 일부라는 사실을 사람들에게 알려야 합니다. 쇼나(Shona, 짐바브웨 인구의 70퍼센트를 차지하는 부족 이름이다. 옮긴이) 족 언어에는 이들을 지칭하는 '응고차니 ngochani'라는 단어가 있을 정도입니다."

유지한다.[3]

그러나 마티는 레즈비언처럼 명확한 여성 범주로 간주되지 않는다.

어떤 문화에서는 스타일과 젠더 정체성이 중요하다. 인류학자인 에블린 블랙우드Evelyn Blackwood는, 인도네시아에서 서구의 '부치' 보다 '트랜스젠더' 에 더 가까울 정도로 굉장히 남성스러운 스타일의 여자들만이 진정한 '톰보이(레즈비언)' 로 간주된다는 사실을 발견했다. 이들의 여성스러운 파트너들은 톰보이라고 불리지 않으며, 실제로 어떤 성적 행위를 하는지와는 상관없이 기본적으로 이성애자로 간주된다.

다른 곳에서는 어떤 성적인 역할을 하느냐, 또는 할 것처럼 보이느냐에 따라 젠더 정체성이 결정된다. 라틴아메리카에서는 남자들 간에 삽입을 하는 남성적 역할과 삽입을 받는 여성적 역할에 의해 구분된다. 삽입을 받는 여성적 역할을 하는 남자는 '진짜 남자가 아니' 라고 간주되고 그렇게 낙인찍힌다. 그러나 사회적으로 '진짜 남자' 로 간주되는, 능동적이거나 삽입하는 남자에게는 이러한 낙인이 찍히지 않는다. '삽입' 이 젠더 정체성을 결정하는 것이다. 여성스럽거나 여자 옷을 입은 남자 성 판매자들이, 남성스러운 '진짜 남자' 고객들이 삽입을 받는 역할을 하고 싶어 한다고 종종 불평을 늘어놓는다는 사실은 놀랍지는 않지만 역설적이다.[4]

많은 문화에서 동성애를 '트랜스젠더적' 이라고 간주하고 동성애자들의 젠더 정체성에 의문을 갖는다. 예를 들어 라틴아메리카에서는 '로카loca'와 '비차bicha' 같은 여성 용어들을 게이에게 사용한다.

중국에서는 성 소수자들이 증가하고 있지만 동성애자 정체성을 지니고 있는 사람은 매우 드물다. 작가이며 학자인 츄와샨 Chou Wah-shan은 중국에서 레즈비언, 양성애자, 게이들을 '동무'라는 뜻의 '통쯔tongzhi'라고 부른다고 보고했다. 츄와샨이 이백 명의 다양한 통쯔들을 인터뷰하는 동안 스스로를 동성애자를 뜻하는 '통씽리엔tongxinglian'이라고 지칭한 사람은 아무도 없었다고 한다.[5]

츄와샨은 동성애자 정체성을 갖는 것을 꺼려 하는 태도가 반드시 동성애 혐오의 산물로 볼 필요는 없다고 말한다. 중국의 많은 통쯔들은 성이 삶에 있어서 중요한 부분의 하나에 불과할 뿐 자신들을 완전히 다른 범주의 사람들로 구별 짓지는 않는다고 강조한다.

전통적인 중국 문화는 성에 유연한 태도를 지니고 있어서 동성애를 성 소수자에게만 한정되는, 타고나거나 고정된 성향으로 보기보다는 모든 사람들이 경험할 수 있는 하나의 선택으로 간주한다. 홍콩 출신의 활동가인 넬슨 엔지Nelson Ng는, "난 어떨 땐 국수가 좋고, 어떨 땐 밥이 좋고, 아주 배가 고프면 둘 다 좋을 때도 있다!"고 말한다.

● **중국의 폭력법**—중국의 동성애자들은 정치적 위험 세력으로 간주되었고, '폭력법'에 의해 탄압받았다. 이 법은 1997년에 폐지되었지만 여전히 그 영향력은 남아 있다. 옮긴이 ▶출처—한국게이인권운동단체 '친구사이'의 '변화하는 중국의 동성애자들, 동성애 문화' 참고.

그러나 중국에서는 여전히 '폭력법'에 따라 동성애자를 구속한다. 국가는 동성애를 하는 사람들에게 의학적 '치료'를 강요한다. 이것이 중국 동성애자들이 동성애자 정체성을 '드러내거나 자랑스러워하지' 않는 이유의 하나인 것 같다.[6]

부유한 세계, 가난한 세계, 퀴어 세계

자신이 선택한 대로 인생을 살아갈 자유가 사회적 · 경제적 요소들에 의해 주로 결정된다는 것은 이미 널리 알려진 사실이다. 이는 세계 어디에서나 가난하게 살고 있는 성 소수자들에게서 확인할 수 있다. 가난하면 공공연하게 레즈비언이거나 게이거나 트랜스젠더로 살기가 훨씬 힘들다. 여러 명의 가족들과 함께 잠을 자야 한다면 사생활은 사치에 불과하고, 비규범적인 성생활을 하기도 어렵다.

대부분의 사회에서 '가족'은 동성애에 가장 반대하는 존재다. 동성애가 가족을 위협하는 것으로 보기 때문이다. 그러나 가난한 국가들과 공동체에서 사람들은 생존을 위해 가족 관계에 전적으로 의존한다.

제레미 시브룩은 가난한 사람들에게 가족, 결혼, 자녀는 "생존에 필수적인 요소다. 그 안전장치들을 갖추지 못한 사람들의 삶에서 그 영향력을 확인할 수 있다."고 말한다.

복지와 사회적 '안전망'이 없으면 직장에서 일하는 것도 매우 위험할 수 있다. 적지 않은 국가들이 성적 취향에 근거한 차별에 대해 어떠한 금지 조항도 갖추고 있지 않으며, 비규범적인 성적 취향이 '발각되어' 해고된 사람들은 가족에게로 다시 한 번 내동댕이쳐진다. 그러나 가족들 역시 성적 취향을 이유로 등을 돌리는 경우가 다반사다.

가난한 국가에서 많은 성 소수자들이 노숙자로 삶을 마치거나 생존을 위해 성 매매를 하며 살아간다. 상대적으로 가족주의가 약한 도시에서 더 많은 성 소수자들이 살아남는다. 많은 학자들이 도시화를 부정적으로 평가했지만, 도시화는 성 소수자처럼 억압받는 사람들과 여성을 자유롭게 했다. 그리고 '커밍아웃' 하는 성 소수자들은 최악의 상황에서도 힘겹게 주위를 변화시키기도 했다.[7]

이 장 처음에 나왔던 윌리엄 에르난데스는 동성애를 혐오하는 지역의 노동자 출신이다. 그러나 에르난데스의 가족은 그와 그의 섹슈얼리티를 받아들였고 지금은 많이 격려해 준다고 한다. 사람들이 적응하고 있는 것이다.

츄와샨은 자신의 연인과 부모님의 집에서 함께 사는 젊은이의 사례를 얘기했다. 부모님은 '동성애' 라는 단어를 사용하지 않고 아들의 연인을 자신들의 사위로 받아들였다. 연인을 만나기 전에는 자포자기 상태였던 아들이 변하는 모습을 목격했기 때문이다.(234쪽, '동성애에 관한 사실들' 참고)

전 지구적 상황을 두고 볼 때 부유한 국가에서는 성적 소수자들이 밖으로 나오고 있고, 동성애자 정체성을 지니며, 사회가 그들에게 관용적이고 가난한 국가는 이와 반대라고 이분화하는 것은 잘못이다.

실제로 가장 억압적인 법 중 일부는 애초에 부유한 국가에서 제정되었다. 기독교는 전도하는 과정에서 성적 일탈자들을 악마로 간주했고, 아메리카 원주민, 아시아, 아프리카 문화에 존재하던 동성 간의 전통을 없애려고 했다.

현재 미국의 스무 개 주가 반동성애 법을 제정했고, 미국은 자기 나라에서 동성애를 없애야 한다고 주장하는 우파 근본주의 조직의 근거지다. 그러나 한편으로 캘리포니아는 세계에서 성 소수자 운동과 문화가 가장 활발히 일어나고 있는 지역이기도 하다.

오늘날 성 소수자들은 적극적으로 국제적인 연대를 구축하고 있다. '국제사면위원회'는 1991년부터 성적 취향에 근거한 처형에 반대하는 활동을 벌이고 있으며, 캐나다를 비롯한 여러 국가에서 성적 취향을 이유로 사형당할 위기에 처한 이들의 망명을 허용하고 있다.

전 세계 삼백오십 개 단체가 '국제 레즈비언 게이 협회(International Lesbian and Gay Association, ILGA)'에 소속되어 활동하고 있다. '국제 게이·레즈비언 인권 위원회(International Gay and Lesbian Human Rights Commission, IGLHRC)'는 '국제사면위원회'와

마찬가지로 성적 소주자의 권리를 인권의 문제로 간주하고, 윌리엄 에르난데스와 엔뜨레 아미고스Entre Amigos의 사례처럼 국제적 연대 캠페인을 조직하고 있다.

선구적인 동성애 활동가인 인도의 아쇼크 로 카비Ashok Row Kavi는 "우리는 진실로 국제적인 소수자다."라고 말했다.[8]

지금부터 다양한 전 지구적 성 소수자 운동에 대해 살펴보자.

2

여기 혁명이!

SEXUAL DIVERSITY

성 소수자들이 자기 목소리를 내기 시작한 계기는 무엇일까?
동성애자 해방운동은 어떻게 진행되어 왔으며 다양한 성적 취향을 지닌 이들은 자신들의 권리를 위해 어떤 활동을 벌이고 있는가?

02

여기 혁명이!

성 소수자 해방운동은 용감한 선구자들에 의해 탄생하였다. 이들과 그 후손들에 의해 성적 다양성은 '성적 도착'에서 동성애자 해방운동, 레즈비언 분리주의 등으로 이행할 수 있었다. 남아프리카공화국의 동성애자 자부심 행진과 에이즈 단체의 활동은 물론 동성애 정치학과 엘지비티(레즈비언, 게이, 양성애자, 트랜스젠더)를 향한 인도의 열정에 이르기까지, 성 소수자의 다양성을 인정하고 그이들의 권익에 집중하는 움직임들을 만나 보자.

1969년 7월 28일, 뉴욕의 밤은 찌는 듯이 더웠다. 그린위치 빌리지에 있는 '스톤월 인'이라는 바는 잘 차려입은 게이, 레즈비언, 드랙 퀸(drag queen, 여장을 한 남성을 말한다. 남장을 한 여성은 드랙 킹drag king이라고 한다. 옮긴이)으로 붐볐다.

새벽 한 시경 갑자기 불이 켜졌다. 춤을 추던 사람들은 동작을 멈추었다. 경찰의 불심검문이었다. 풍기 단속반이 들이닥쳤다. 경찰들은 손님들을 밖으로 끌고 나와 경찰차로 '몰았고', 창틀과 울타리 쪽으로 밀었다.

그러나 그날 밤은 여느 때와 달랐다. 몇몇 사람들이 범인 호송

차에 얌전히 올라타지 않고 동전을 던지기 시작했다. 곧 이어 병이 날아다녔다. 많은 사람들이 경찰에 저항하면서 소동이 일어났고, '동성애자의 힘gay power'을 비롯해 여러 슬로건들을 외쳤다. 경찰은 건물 안으로 후퇴해서 바리케이드를 치고, 지원을 요청했다. 저항자들은 계량기를 떼어 내고, 문을 부수기 시작했다. ▪

현장에 있었던 실비아 리베라Sylvia Rivera는 당시를 잘 기억하

■ 깊이 읽기

동성애자들의 스톤월 항쟁

1969년 7월 28일은 미국 동성애자들에게 특별한 날이었다. 〈오즈의 마법사〉의 여주인공이자 오랫동안 동성애자들에게 추앙을 받았던 주디 갈란드 Judy Garland의 장례식 날이었기 때문이다. 많은 동성애자들이 그녀를 추모하기 위한 행렬에 참여했고 몇몇 게이 바에서는 검은 깃발을 내걸고 주디 갈란드의 죽음을 애도했다. 스톤월이 단속되었을 때 예전 같으면 스톤월을 빠져나오자마자 뿔뿔이 흩어졌을 이들이 이날만큼은 스톤월 주위에서 웅성대고 있었다. 경찰에 마지막으로 끌려가던 레즈비언이 저항을 하면서 머리핀이 바닥에 떨어지는 순간 맥주병과 동전이 경찰을 향해 날아가기 시작했다. 첫날 시위는 새벽 3시에 경찰에 의해 진압되었으나 이튿날 소식을 전해들은 사람들이 스톤월에 모여들어 "게이 바를 합법화하라!", "게이 파워를 지지하라!"는 구호를 외치며 시위를 진행했다. 시위는 사흘 동안 계속되었고, 2천여 명이 참여했으며 4백여 명의 경찰이 진압에 동원되었다. 이 소식은 곧장 미국 전역에 퍼져 각지에서 동조 시위가 일어났다. 스톤월 항쟁 이후 미국에 수많은 동성애자 인권 단체가 생겨났다. 옮긴이

▶출처─동성애 전문지 『버디』 1998년 7월호(통권 5호), '스톤웰 항쟁과 게이 퍼레이드' 참조.

고 있었다.

"우리는 더 이상 그런 빌어먹을 상황을 참지 않기로 했습니다. 우리는 다른 운동의 초석이 될 수 있는 많은 것들을 해냈어요. 때가 된 것입니다. 누군가가 화염병을 던졌을 때 '앗, 혁명이 일어났구나, 마침내 여기서 혁명이 일어났구나!' 하고 생각했던 게 뚜렷이 기억납니다. 나는 우리가 맞서 싸울 거라고 언제나 확신했고, 우리가 맞서 싸울 거라는 걸 알았습니다. 단지 그날 밤이라는 사실을 몰랐을 뿐입니다."

저항은 며칠 동안 계속되었고 참여자와 행진이 늘어났다. 무언가가 시작된 것이다.[1][2]

이 '스톤월 항쟁'은 시발점, 즉 서구 동성애자 해방운동의 '보스턴 차 사건'으로 비유된다. 실제로 스톤월 항쟁에는 신성할 정도의 의미가 부여되었다. 그러나 사실은 이 사건이 첫 번째 항쟁은 아니다.

파리와 암스테르담에서는 이미 일 년 전 1968년에 유사한 항쟁이 있었다.

1960년대는 급진주의의 시대였기 때문에 당시에는 아마도 어떤 기대가 있었을 것이다. 흑인 시민권 운동과 여성운동이 동성애자 인권 운동에 굉장히 큰 영향을 미쳤다. 페미니스트들이 성차별주의에 도전하고, 흑인 활동가들이 '검은색은 아름답다!Black is Beautiful!' 는 슬로건 아래 인종주의에 대항했던 것처럼, 성 소수자들이 동성애에 대한 편견에 도전할 때였던 것이다.

선구자와 '동성애'의 탄생

그러나 게이와 레즈비언 저항의 중요한 선구자는 이미 한 세기 전에 등장했다. 법학도이면서 저널리스트였고 공무원과 외교관의 비서였던 독일 인 칼 하인리히 울리히스Karl Heinrich Ulrichs는 동성애를 범죄시하는 모든 법의 철폐를 주장했다.[3]

1862년 5월에 지인인 조안 밥티스트 폰 슈바이처Johann Baptist von Schweitzer가 공공장소 풍기 문란죄로 구속되자 울리히스는 변호문을 써서 슈바이처에게 보냈지만 압수되었다. 십대 초반에 남자에게 끌리기 시작했던 울리히스는 지금이 자신의 섹슈얼리티의 수수께끼를 풀 때라고 생각했다.

울리히스는 1864년에 『남성 간의 사랑의 수수께끼에 대한 연구Researches on the Riddle of 'Man-Manly' Love』라는 책을 냈다. 출간 당시 울리히스는 친지들의 입장을 생각해서 필명을 사용했지만, 1868년에 자신이 저자임을 세상에 알렸다. 울리히스는 1879년까지 이 주제에 관해 열두 권의 책을 썼다. 그는 발생학에서 '과학적' 영감을 얻었다. 당시의 발생학은 태아 성장의 초기에는 성기가 분화되지 않은 상태라는 사실을 발견했다. 따라서 동성애 욕망은 태아가 성장하면서 반대 성이 되지 않는 것만큼 '자연적'이라는 것이다.

울리히스는 그리스 신화를 사용하여 다양한 유형의 사람들에게 다음과 같은 이름을 제안했다. 동성애 남자는 어닝Urning, 이성애 남자는 디오닝Dioning, 레즈비언은 어닝인Urningin, 이성애 여자는 디오닝인Dioningin이다.

울리히스는 점점 더 많은 동성애자들과 알게 되면서 분류 체계에 양성애자, 잠재적 동성애자, 숨어 있는 동성애자를 포함시켰다. 울리히스는 동성애 욕망이 타고난 것이기 때문에 법이 동성애를 고의적인 범죄처럼 처벌하는 것은 잔인하다고 주장했다.

울리히스가 이런 주장을 하게 된 정치적인 동기는 프로이센 사람들이 하노버에 침략해서 프로이센 법령의 반동성애 조항을 강제할 것이라는 두려움에서 비롯되었다. 수년 후 울리히스의 걱정은 현실이 되었다. 울리히스는 사회민주주의 견해를 거침없이 피력했다는 이유로 단기 복역했고, 1867년에 경찰은 울리히스가 쓴 동성애에 관한 책들을 몰수했다.

언론은 울리히스를 조롱했고, 울리히스가 출옥하자 하노버를 떠나라고 압력을 가했다. 울리히스는 바바리아Bavaria로 갔고, 1867년 8월에 뮌헨에서 열린 '독일 법학자 대회the Congress of German Jurists'에서 동성애자의 권리에 대해 연설했다. 이는 독일에서 공개적인 동성애자 해방운동의 시작으로 기록되었다. 그러나 1872년에 프로이센의 반동성애 법령이 통일된 독일 전체에 적용되었다. 1880년에 독일을 떠나라는 압력을 받은 울리히스는 생을 마칠 때까지 십오 년 동안 이탈리아에서 살았다.

그러나 울리히스는 '동성애homosexuality'라는 단어를 사용하지는 않았다. 이 단어는 1824년 벤커르트 집안에서 태어난 독일계 헝가리 인 카롤리 마리아 커트베니Karoly Maria Kertbeny가 최초로 사용했다. 이 단어는 '같은'을 의미하는 그리스어의 'homo'

와 '성적인'을 의미하는 라틴어 'sexualis'의 합성어다. 커트베니는 자신이 이성애자라고 주장했지만, 동성애자의 권리를 위해 오랫동안 활동했다는 점에서 동성애자로 추측되기도 한다.

'동성애'가 영어에서 사용되기까지는 수십 년이 더 걸렸다. 1891년에 존 에딩턴 시몬즈John Addington Symonds가 『근대 윤리의 문제A Problem in Modern Ethics』에서 처음으로 '동성애 본능'이라는 표현을 사용하였다. 시몬즈는 개인적으로 책을 열 권 인쇄하였다. 영국의 성 과학자 하벨록 엘리스Havelock Ellis는 시몬즈와 함께 1897년에 『성적 도착Sexual Inversion』이라는 책을 냈다. 시몬즈의 이름은 초판 이후 표지에서 빠졌다. '도착'이라는 개념은 이 책에 의해 '타고난 병리적인 성별 이상'이라는 뜻으로 널리 사용되었다.

20세기 초에 영국의 사회학자이자 동성애자 선구자인 에드워드 카펜터(Edward Carpenter, 1844~1929)는 도전적인 내용의 『중간성The Intermediate Sex』을 냈다. 이 책은 남성뿐 아니라 여성에게도 큰 충격을 주었다. 2세대 페미니스트인 프랑시스 윌더Frances Wilder는 1912년에 급진적 잡지인 『자유 여성Freewoman』에서 자제와 금욕을 옹호했다. 그러나 겨우 삼 년이 지난 후 윌더는 카펜터의 책을 읽고 자신이 페미니스트를 넘어 레즈비언 페미니스트임을 깨달았다. 윌더는 카펜터에게 편지를 썼다. "최근에 『중간성』을 흥미롭게 읽었습니다. 책을 읽으면서 저 자신이 그 그룹에 속한다는 것을 깨달았습니다. 저와 같은 사람들과 연락할 수 있는 방법이 있다면 알려 주시면 감사하겠습니다."[4]

오스카 와일드Oscar Wilde는 1895년에 법정에서 자신을 변호하면서 이러한 조류에 크게 기여하였다. 와일드가 '감히 이름을 말할 수 없는 사랑'을 데이비드와 조나단의 사랑과 비교했던 것은 매우 유명하다. 와일드는 플라톤, 미켈란젤로, 셰익스피어의 작품을 언급하며 동성애의 아름다움과 고귀함을 이야기했다. 이에 대해 릭터 노튼Rictor Norton은, "소년과의 성 매매를 증언하는 자리가 아니라, 대단한 공연이었다."고 평가했다.

동성애자로서 와일드는 자신을 당시의 속물적인 이성애에 거리를 둔 문화적 엘리트로 보았다. 와일드는 후에 이를 취소하고 자신이 '정신이상'이라고 주장했지만 2년간의 징역과 중노동을 선고받았다. 오늘날 와일드는 '동성애자 순교자'로 추앙받지만, 사실 동성애를 차별하는 원인에 관심을 갖지는 않았다. 와일드가 어떤 견해라도 피력했다면 상황은 더욱 악화됐을 것이다.

1928년에 래드클리프 홀Radclyffe Hall이 쓴 선구적인 레즈비언 소설 『외로움의 원천The Well of Loneliness』이 출판됐을 때 그 책은 가십거리로 전락했고, 홀은 법정에 서게 되었다. 이 책은 고통스럽고 어렵게 살아가고 있는 '성도착자'에 대한 관용을 호소하고 있다. 사실 저자인 홀 자신은 우나 트로우브리지Una Trowbridge와 삼십 년간 즐겁게 살았지만 책에서 동성애자들의 행복한 사랑을 보여 주지는 않았다.

그러나 이 책은 깊이 숨어 있던 주제를 드러냈다. "천 명의 여자 중에 구백구십구 명이 동성애의 '동'자도 들어본 적이 없다."는 것이 찬셀로 경Lord Chancellor과 버켄헤드 경Lord Birkenhead이

이 책을 금지한 이유 중에 하나일 정도였다.[5]

한편 독일에서 게이 성 과학자인 마르쿠스 히르쉬펠트Marcus Hirschfeld는 베를린에 '성 과학 연구소Institute for Sexual Science'를 세웠다. 이 연구소는 전 세계 동성애자에게 영감을 주었고 정보의 원천이 되었다. 도서관에는 만2천 권의 책과 3만5천 점의 사진, 셀 수 없이 많은 원고들이 소장되어 있었으나, 1933년 5월 6일 나치에 의해 모두 파기되었다.[6]

1939년부터 1945년까지, 전쟁 중과 전쟁 후에 있었던 동성애자 탄압은 정치적 활동의 또 다른 흐름을 촉발시켰다. 미국에서 '빌리티스의 딸들Daughters of Bilitis'과 '매타친 협회Mattachine Society'는 상호 지지를 위해 레즈비언과 게이들을 조직화했다. 1960년대에 당파 싸움이 심해지면서 동성애자 해방운동은 에너지가 넘쳤다. 조심스럽게 진행되던 동성애 운동이 "동성애는 좋다!" 같은 대담한 슬로건을 사용하였고, 동성애자들이 '벽장에서 나오게 되었다.' 동성애자 해방은 권력을 지니고 있는 엘리트의 온화한 연설에 의해 가능한 것이 아니라, 보통 사람들이 거리로 나와서 비범죄화와 자유를 요구할 때 가능하다. 대중의 행진은 동성애 이슈를 이성애자들의 의식에 침투시켰다. 이는 북아메리카, 오스트리아, 뉴질랜드, 유럽뿐 아니라 멕시코, 아르헨티나 같은 국가들에서도 마찬가지였다. 정치적으로 급진적인 '동성애자 해방 전선'은 여러 국가에서 형성되어 평화와 사랑과 혁명을 공표하였다.

가부장제에 라브리스[■]를

제3의 물결에 해당하는 페미니스트들도 뚜렷한 업적을 남겼다. 급진주의 페미니스트들은 가부장제를 대담하고 날카롭게 분석하고 새로운 통찰력을 제공했다. "사적인 것이 정치적인 것이다!"라는 페미니스트의 슬로건은 많은 사람들의 눈을 뜨게 했고, 과거에는 '개인적'이고 '사적'이라는 이유로 쉽게 무시되었던 불평등 문제를 법제화했다.

페미니즘은 여성과 남성 모두에게 성별 정형성에서 탈피하라고 북돋았다. 페미니즘은 의식의 향상과 비위계적인 형태의 조직화라는 새로운 모델을 제시했다. 이는 레즈비언과 게이 해방운동 뿐 아니라 급진적인 에이즈 운동, 반핵 운동, 환경 운동의 특성이

■ 깊이 읽기

라브리스

고대 크레타의 양날 도끼로 레즈비언의 상징이다. 8천여 년 전에 만들어진 것으로 알려져 있는데, 경작용 도구이자 무기인 이 양날 도끼를 여성들이 주로 사용했다고 한다. 아마존의 여전사들이나 모계사회였던 미노안 사회의 여성들이 이 라브리스를 사용했다. 1970년대에 많은 레즈비언과 여성주의자들이 라브리스를 여성의 상징으로 내세우기 시작하면서 라브리스가 여성의 대표적 상징 중 하나로 떠올랐다. 최근에 이르기까지 라브리스는 각종 팬시 용품이나 여러 가지 행사의 로고로 많이 사용되고 있다. 옮긴이

▶출처─한국레즈비언상담소 홈페이지, '동성애나 동성애자를 상징하는 표시'에서 발췌.

되었다.

이와 마찬가지로 레즈비언들 역시 1970년대부터 1980년대 여성운동에 중요한 공헌을 했다. 오드르 로드Audre Lorde, 아드리엔느 리치Adrienne Rich, 메리 데일리Mary Daly 같은 레즈비언 활동가와 작가는 이성애주의를 흔들고, 가부장제에 저항하기 위한 전략에 대해 더 심도 있는 질문을 제기했다.

아드리엔느 리치는 정치적인 레즈비어니즘의 선언서가 된 『강제적 이성애와 레즈비언의 존재Compulsory Heterosexuality and Lesbian Existence』에서 이성애주의에 도전하고 새로운 시각을 제공했다.[7] 많은 페미니스트들은 레즈비어니즘이 필연적으로 남성 지배에서 해방되고자 하는 투쟁의 다음 단계가 될 것이라고 생

● 레즈비어니즘—레즈비언이 일반적으로 개인의 성애와 선택을 근거로 하는 점과 달리 가부장적 제도와 신화에 대한 여성들의 정치적 도전을 주축으로 하는 특정한 정치적 참여의 개념으로 파악되고 있다는 말이다. 옮긴이
▶출처—『페미니즘의 거울』(안혜련, 인간사랑, 2001)

각했다. 이러한 생각은 "페미니즘은 이론이고, 레즈비어니즘은 실천이다!"는 슬로건에서 구체화되었다.

리치는 '레즈비언 연속성'이라는 개념을 제안했는데, 이는 자신이 '여성 친화적'이라고 생각하고, 남자와 성적 관계를 갖는 것은 언제나 덫에 걸리거나 위험해진다고 생각하는 모든 여성들에게 해당된다. 이러한 여성들은 성적으로 여자에게 끌리는 것과는 무관하게 자신을 정치적인 레즈비언이라고 정체화할 수 있다.

팻 칼리피아Pat Califia와 조안 네슬Joan Nestle은 이 같은 레즈비어니즘이 다소 무성적인 태도라고 비판했다. 그들은 다시 성을

중심에 위치시키고자 했다. 칼리피아를 비롯한 여러 사람들이 이성애와 정치적 레즈비어니즘의 '밋밋한vanilla' 성 관계를 비판하며 레즈비언 사도마조히즘을 장려한 것은 효과적이었다. 뜨거운 논쟁이 지속되었으나, 성 급진주의자들은 레즈비언들이 적극적인 성 문화를 받아들이도록 지속적인 영향을 미쳤다고 평가할 수 있다.[8]

그동안 '동성애자 해방' 운동 안에서 여성은 갈등을 겪어 왔다. 게이를 포함해 남성은 여성을 억압하는 지배 문화의 일부였고, 어디서나 마찬가지로 운동 전선 내부에도 성 차별이 존재했기 때문이다. 1970년대에 세계의 레즈비언들은 레즈비언들만의 단체를 만들었다.

많은 레즈비언들이 여성운동 안에서 편안하게 느꼈지만 거기에서 다른 종류의 편견과 부딪혔다. 페미니스트이며 '전미여성기구(US National Organization of Women, NOW)'를 창립한 베티 프리단Betty Friedan은 레즈비어니즘이 여성운동의 '자줏빛 청어lavender herring'■라며 이를 해산시켰다. 다른 여성들도 레즈비어니즘을 논하는 것이 여성운동에 불명예를 가져올 것이라고 주장했다. 이러한 견해는 오늘날 여성운동 진영에서 많이 줄어들었지만 멕시코에서는 지금도 여전히 존재한다. 활동가 노마 모그로베조Noma Mogrovejo는 뿌리 깊이 체화된 레즈비언 혐오뿐 아니라 이성애주의자와 관련된 문제들에 자동적으로 레즈비언 문제가 포함된다는 인식이 여성운동 진영에 존재한다는 사실을 감지했다.[9]

1995년에 '미국 여성 연맹UN Women's Conference'은 여성들이 자신의 섹슈얼리티를 결정할 수 있는 권리를 다시 한 번 주장했지만 또다시 실패했다. 2000년에 행동 강령에서 이 권리를 다시 주장했으나 미국과 아프리카 여성들이 연합하여 종교 및 문화적 이유를 들어 반대한 덕분에 실패하였다.

그러나 다른 여성주의 토론회는 레즈비어니즘에 눈을 뜨고 있으며 정치적인 문제로 논의하고 있었다. 인도에서는 1994년 이래 '전국 여성운동 회의National Conference of the Women's Movement in India'에서 레즈비어니즘을 일반적인 논의 주제로 삼고 있다.

인종과 섹슈얼리티

여성 해방운동과 동성애자 해방운동이 다양하게 연결되어 있고 서로 겹치는 것처럼, 인종차별에 대항하는 투쟁과 동성애 운동도 그러하다. 벨 훅스bell Hooks, 오드르 로드, 제임스 볼드윈

■ 깊이 읽기

자줏빛 청어

18세기와 19세기의 유럽에서 사냥개를 훈련시키는 데 사용한 훈제 청어를 말한다. 냄새가 지독해서 사냥개들이 그 냄새를 맡고 혼란을 일으켜 사냥감을 놓치기도 했다. 사람의 주의를 딴 데로 돌리거나 관계없는 말을 꺼내 현혹시킨다는 뜻을 지니고 있다. 옮긴이

James Baldwin 같은 작가와 활동가들의 저작과 삶에서 그들이 이 두 가지 또는 그 이상의 투쟁과 명백히 연결되어 있음을 확인할 수 있다.

북미에서의 시민권 운동은 다른 해방운동에 영감을 불어넣었을 것이다. 그러나 이 운동도 백인 중심의 동성애자 조직 안에서 유색인종 게이와 레즈비언들이 인종차별에 봉착하는 것을 막지는 못했다. 많은 유색인종들이 자신들의 실제 상황을 반영하지 못하는 거짓된 보편주의가 조장되고 있다고 느꼈다. 자신들의 목소리를 드러내기 위한 투쟁을 하면서 많은 단체들이 분리되기 시작했다. 1970년대에 미국의 유색인종 레즈비언들은 '전국 흑인 페미니스트 조직National Black Feminist Organization' 같은 정치 단체들을 형성했고, 1980년에 샌프란시스코에서 '흑인 레즈비언 회의'를 처음으로 열었다.

근래에는 인종차별에 대항하는 전쟁에서 섹슈얼리티와 인종을 연결하는 정치가 매우 뚜렷해졌다. 과거 1986년에 현재 남아프리카 공화국 대통령인 타보 음베키Thabo Mbeki는 "아프리카 민족회의(African National Congress, ANC)는 해방된 남아프리카에서 모든 차별과 억압을 없애기 위해 최선을 다하고 있습니다. 이러한 노력은 동성애자의 인권 보호로 반드시 확대되어야 합니다."[10]라고 말했다.

넬슨 만델라Nelson Mandela는 1994년 대통령 취임사에서 동성애자 인권에 대해 언급하였고, 이는 후에 헌법에 반영되었다. 남아프리카공화국은 성적 취향을 근거로 차별받지 않을 권리를 헌

법에 명시한 세계 최초의 국가가 되었다.(234쪽, '남아프리카공화국의 드랙 퀸' 참조)

작가인 마크 게비서Mark Gevisser는 동성애자 권리가 헌법에 수월하게 포함될 수 있었던 세 가지 이유를 밝히고 있다. 먼저 '아프리카 민족회의' 리더들이 유토피아적인 발전 이데올로기를 가지고 있었고, 이들 중 많은 이들이 자신들이 추방되었던 네덜란드, 캐나다, 스웨덴, 오스트리아, 영국 등에서 성 해방운동을 접한 경험이 있었다는 것이다. 두 번째로 남아프리카공화국의 영국국교회가 일반적으로 동성애 혐오를 지니고 있지 않다는 점이다. 데스몬드 투투Desmond Tutu 전 추기경은 레즈비언과 게이 권리의 대변인으로 유명했다. 투투 전 추기경은 심지어 "인종차별에 대항해 승리한 후에 교회가 가치 있는 윤리적 개혁 운동을 모색한다면 그것은 동성애 혐오와 이성애주의에 대한 저항일 것이다."라고 말하기도 했다. 게비서는 세 번째로 인종차별에 저항한 동성애자 활동가들의 역할을 꼽았다. 1999년에 에이즈 합병증으로 사망한 시몬 엔콜리Simon Nkoli가 대표적인 인물이다. 엔콜리는 1980년대 중반에 델마스 반역 재판을 받는 도중 자신이 동성애자라는 사실이 드러났다. 결국 엔콜리는 함께 기소된 사람들 모두에게 도움을 받게 되었고, 그들 중 몇몇은 현재 아프리카 민족회의의 원로 의원들이다.

엔콜리는 1989년에 석방된 후 '게이, 레즈비언, 또는 누구나(Gay, Lesbian, Or Whatever, GLOW)'를 알게 되었다. 이 단체는 흑인들이 만들었다는 점에서 기존의 동성애자 단체들과는 매우 달랐다. 엔콜리는 아프리카에 만연했던 동성애가 기독교를 믿지 않는 사회에 존재하고, 아프리카에는 동성애가 없었는데 흑인 사회를 백인이 오염시켰다는 인식에 맞섰다.[11]

아프리카 민족회의의 의장이며 남아프리카공화국 국방부 장관인 패트릭 레코타Patick Lekota는 엔콜리가 죽었을 때 "시몬처럼 인종차별을 끝내기 위해 희생한 남자와 여자들에 대해 우리는 어떻게 애도해야 합니까, 어떻게 우리가 지금 그들이 차별받아야 마땅하다고 말할 수 있습니까?"라고 물었다.

브라질에서도 평등을 위해 투쟁했던 사람들이 연대하였다. 레즈비언·게이 조직인 '소모스(SOMOS, 스페인어로 '우리들'이라는 뜻. 옮긴이)'는 1970년대 후반에 구성된 페미니스트 및 흑인 운동과 함께 했다.

소모스 회원들은 인종차별에 대항하는 행진과 항의에 참여했고 '전국 흑인 의식의 날National Black Consciousness Day'에는 축하 전단지를 배부하기도 했다. 전단지에는 "17세기에 노예제에 맞서 싸운 아프리카계 브라질 사람 줌비Zombi의 투쟁 정신은 자유를 위해 투쟁하는 우리 사회의 모든 억압받는 이들에게 훌륭한 본보기가 될 것입니다. 동성애자로서 차별받아 온 우리는 인종주의에 대항해 투쟁하고 있는 모든 흑인들과 연대해야 합니다."라는 내용이 담겨 있었다.

에콰도르는 성적 취향을 근거로 한 차별을 법으로 금지한 두 번째 국가다. 에콰도르의 성 소수자 단체들은 확장된 인권 운동과 캠페인에 동참하고 있다.

적어도 서양에서는 운동 초기에 '게이'라는 용어가 사용되다가 '레즈비언과 게이'가 되었고, 후에 '레즈비언, 게이, 양성애자'가 되었다. 지금은 대부분의 새로 생긴 조직들이 레즈비언, 게이, 양성애자, 트랜스젠더를 의미하는 '엘지비티(LGBT)'를 사용한다.

특정한 방식으로 더 많이 열려 있는 용어가 '퀴어 정치학Queer Politics'이다. 1980년대에 부상해서 1990년대에 번창한 퀴어 정치학은 성 소수자 운동의 특징이었던 한정된 정체성의 정치, 범주의 엄격함, 단체의 분리에 대한 대안이었다. 퀴어 정치학은 레즈비언, 게이, 양성애자, 트랜스젠더뿐 아니라 일부 이성애자까지 모든 성 정체성을 일반적인 '기묘함queerness'에 융합시킨다.

퀴어 정치학은 주류를 이루는 모든 종류의 '곧은' 사고에 도전한다. 그러나 퀴어 정치학은 레즈비언·게이 운동의 시민권 획득 시도와는 반대된다. 동성애자 시민권 전략은 "우리는 어디에나 있다!"는 슬로건에서 확인할 수 있는 것처럼, 레즈비언과 게이가 '정상성'을 위협하지 않는다는 사실을 강조하는 것이 정치력을 획득하는 핵심 논거다. 반면에 퀴어 정치학의 슬로건은 "우리는 여기에 있다, 우리는 퀴어다, 적응해라!"다.

사회학자인 조수아 갬슨Joshua Gamson은 "퀴어는 차이를 주장한다. 퀴어는 외부 상황에 그다지 저항하지 않는다. 퀴어는 안에서 즐긴다."[12]고 썼다.

동성애 운동은 거리 선전, 문화 활동 같은 형태를 띠며, 다양한 성 정체성을 지닌 사람들이 공개적인 장소에서 키스하는 '키스 인스Kiss-ins' 같은 행사를 하기도 했다. 주요 조직은 '퀴어 네이션 Queer Nation'으로 무정부주의 성격을 띠고 분권화된 업무 방식을 지니고 있었다. '퀴어 네이션'은 미국에서 만들어져 영국, 호주로 퍼져 나가서 반자본주의 활동과 관련된 여러 동성애 단체들을 만들어 냈다.

퀴어 이론은 학계에서 강한 입지를 지니고 있고, 다소 추상적인 언어들을 사용하고 있다. 퀴어 이론은 부분적으로 포스트모더니즘과 페미니즘 철학의 영향을 받았지만, 대부분은 동성애자 해방 시대였던 1960년대에서 1970년대까지 영향을 미쳤던 미셸 푸코Michel Foucault의 역사적·사회적 구성론에 기대고 있다.

푸코는 동성애가 '전략적으로 주변화된 지위'이기 때문에 그 입장에서 자아 및 타자와 관계 맺는 새로운 방법들을 만들어 낼 수 있다고 보았다. 이러한 맥락에서 퀴어 정치학은 젠더 억압이라는 개념이 아니라 주변화되고 배제된 젠더의 시각을 중시했다.

동성애 활동가와 시민권 활동가 사이의 갈등은 가끔 세대적 요소를 지니고 있었다. 일부 장년층에게 '퀴어'라는 단어는 여전히 부정적인 동성애 혐오 의미를 지니고 있어서 그 단어의 '새로운 개념화'는 받아들여지지 않았다.[13]

그러나 퀴어의 근본적인 도전은 성 정체성과 젠더 정체성의 통일성·안정성·정치적 단일성에 대해 의문을 제기한 것에서 비롯되었다. 이런 맥락에서 퀴어 정치학은 트랜스젠더 정치학 및 이론의 발전과 쉽게 관련되었다. 포괄적인 용어인 '퀴어'는 트랜스젠더와 양성애자에게 유용했다.

트랜스젠더 아젠다

지난 수년 동안 인권 활동가들은 특히 성 노동자들을 비롯한 트랜스젠더들이, 경찰을 포함해 자신들에게 적대감을 지닌 사람들에게 폭력을 당하고 있다는 사실을 점차 인지하게 되었다.

다양한 트랜스젠더 조직이 생겨났고 이 중 다수가 엘지비티 조직들과 함께 하고 있다. 그러나 통합이 쉽지 않았기 때문에 모든 조직들이 전부 통합된 것은 아니다. 수년 동안 레즈비언·게이 운동은 트랜스젠더 이슈를 별개의 것으로 간주했다. 몇몇은 트랜스섹슈얼리즘은 정형화된 사고의 산물이라고 주장했다. 만일 남성이 더 여성스러울 수 있고, 여성이 더 남성스러울 수 있다면 자신의 성별을 바꿀 필요가 없을 것이라는 견해다. 또 어떤 이들은 트랜스젠더들이 의학 기술에 의해 호도되고 이용되고 있다고 생각했다.

동성애자, 이성애자인 것과 무관하게 일부 페미니스트들은 더 적대적인 반응을 보였다. 이들은 남자에서 여자로 성전환을 한 트랜스섹슈얼들이 남성으로 키워졌기 때문에 억압받아 온 여성이 되는 것이 어떤 것인지를 결코 알 수 없다고 생각했다. 미국의 학자인 제니스 레이몬드Janice Raymond는 『트랜스섹슈얼 제국The Transsexual Empire』에서 트랜스섹슈얼들이 잠복해 있는 '가부장제의 도구'라고 주장했다. 트랜스섹슈얼들은 여성 집단에 침입해서 여성과 자신들을 분리시킨다는 것이다. 레이몬드는 "모든 트랜스섹슈얼은 여자의 몸을 인공적인 몸으로 격하시키고 자신들을 위해 여자의 몸을 전유함으로써 여자의 몸을 강간한다."고 썼다.

그러나 1990년대에 포용 정책이 확장되면서 새로운 연대와 협조가 조성되어 트랜스젠더들에게 도움을 주었다. 예를 들어, 아르헨티나, 브라질, 콜롬비아에서 엘지비티 단체들에 의해 트랜스젠더 이슈가 확산되면서 법이 바뀌었고 인권 침해에 대한 대중의 의식도 성장하였다.

이런 흐름 속에서 여성운동의 영향력 있는 조직들 역시 입장을 바꾸었다. 1997년에 '젠더 정치활동위원회GenderPac'와 '전국 레즈비언 권리 위원회National Lesbian Rights'의 로비를 받은 '전미여성기구'는 트랜스젠더를 포함하는 결의안을 압도적인 찬성으로 통과시켰다. 회의에 참석했던 어떤 이는 "트랜스젠더 모임은 오늘날 뜨거운 감자다. (…) 이들은 인위적인 젠더 구축을 드러내고, 우리를 분리시켰던 정형성과 장벽을 부수었다."고 평가했다.[14]

실제로 엘렌 식수스Helene Cixous, 줄리아 크리스테바Julia Kristeva, 루스 이리가레이Luce Irigaray, 주디스 버틀러Judith Butler 같은 현대 페미니스트 철학자들은 젠더와 트랜스젠더의 의미를 급진적으로 새롭게 사고하는 데 많은 공헌을 했다.

이와 마찬가지로 양성애도 최근 레즈비언·게이 운동 안에서 많이 수용되고 있다. 1950년대의 유명한 알프레드 킨제이Alfred Kinsey의 연구와 1970년대와 1980년대에 이루어진 셰어 하이트 Shere Hite의 연구는 양성에 대한 성적 욕구가 결코 소수의 취향이 라고 말할 수 없을 만큼 매우 흔해서 양성애가 정상이라고 말할 수 있을 정도라는 사실을 보여 주었다.

그러나 자신을 양성애자로 정체화하는 사람은 여전히 상대적으로 소수다. 이성애적 삶을 살고 있는 많은 사람들이 한편으로 동성과 섹스를 하거나 동성에게 성욕을 느낀다.

이러한 사람들 중 공개적으로 양성애자로 정체화하는 사람들은 대부분 양성애자가 명백하게 분리된 범주로 인지되거나 또는 레즈비언·게이 운동 안에 포함되어야 한다고 주장한다.

어떤 면에서 양성애 이슈는 동성애 이슈와 동일하다. 양성애자가 사회에서 차별받는 이유는 그들의 이성애가 아니라 동성애 때문이다. 그러나 레즈비언이나 게이 단체 안에서 양성애자는 자신들이 이성애를 한다는 사실 때문에 불이익을 받고 있다고 느낄 수 있다. 샌프란시스코의 동성애자 신문에 실린 편지 교환에서 이 문제가 제기되었다. 누군가가 "남자와 기꺼이 자면 여자는 직업, 돈, 권력, 지위에 접근할 수 있게 된다. 이 접근성은 그녀가 여자와 잠을 잔다고 해서 사라지지 않는다."고 썼다.

"우리 공동체도 그렇다. 우리는 공동체 안에서 일하면서 괴로

인도의 동성애 운동

힌두 근본주의자들이 디파 메타Deepa Mehta의 레즈비언 영화 〈불Fire〉을 공격한 것이 동성애 운동에 끼친 영향은 무엇인지 알아보자.

우리는 근본주의자 쉬브 세나의 폭력 뒤 48시간 이내에 항의 행진을 하려고 했다. 근본주의자 폭도들이 침입한 레갈 극장 밖에 수백 명이 모여 촛불을 들고, 구호를 외치고, 피켓을 흔들었다. 인도에서 처음으로 단체들 사이에 레즈비언들이 보였다. '인권, 현실주의, 여성의 자율권, 의사 표현의 자유' 등을 쓴 피켓의 홍수 속에 '인도 그리고 레즈비언' 이라고 쓴 피켓이 있었다. 저런 '불손한' 요구가 이렇게 열정적인 집회를 만들어 낼 것이라고 누가 상상이나 했겠는가. 주간지 『인디아 투데이India Today』의 부편집국장은, "서구의 인터넷 확장으로 인터넷에서 활동했던 투쟁적인 동성애자 운동이 오프라인으로 나와 델리에서, '레즈비어니즘은 우리 전통의 일부다' 라는 현수막을 들고 있다. 도둑질, 사기, 살인 등의 범죄가 오랜 역사를 지니고 있다고 해서 전통으로 승격되지는 않는다."고 개인적인 당황스러움을 표출했다.

이 뜨거운 저항 덕분에 몇몇 단체들이 모이게 되었다. 우리들은 직업 헌혈자, 노동조합원, 여성, 남성, 이성애자, 동성애자 등 다양했다. 우리들은 레즈비언 권리를 위한 캠페인으로 에너지를 모으자고 결의했다. 왜 레즈비언 권리를 강조하는가? 우리는 선언문에 "여성운동과 레즈비언의 연결을 명백히 하기 위해서이고, 일반적인 여성 섹슈얼리티에 대한 사회적 억압을 드러내기 위해서이며, 이 투쟁을 게이 운동과 구별 짓는 레즈비언의 삶의 지점들을 설명하기 위해서다."라고 썼다. 레즈비언 이슈가 처음으로 공적 공간을 차지했다. 우리는 델리 한가운데 있는, 반체제 인사들 및 내무성 정보원들의 소굴인 카페에서 전략을 짰다. 공업 단지, 무슬림 대학, 델리 경찰 본부 주변 등 활동가들에게 적대적이라고 알려져 있는 지역에서 '레즈비어니즘에 대한 신화와 실재' 라는 제목의 전단지를 수천 장 나눠 줬다. 공공 회의에 참석하고 활동가들이 북인도를 여행하면서 경험한 것들과 여성들 간의 친밀한 유대에 대해 마을 사람들이 하는 이야기로 거리 연극도 짰다. 우리는 운동은 민중에게만 해명을 하면 된다는 교훈과, 거부는 대화의 끝이 아니라 시작이라는 교훈을 다시 배웠다.

▶출처— 'People like Us' by Ashwini Sukthankar, *New Internationalist*, October 2000.

웠다. 우리는 다른 사람보다 뒤떨어지는 사람으로 취급받고 싶지 않다."라는 내용의 편지도 있었다.[15]

동성애가 심한 처벌을 받고 결혼이 사실상 강요되는 전통 사회에서 양성애는 다소 다른 종류의 이슈다. 양성애는 드러나지는 않았지만 문화적으로 받아들여진 경우가 많았다. 예를 들어 모잠비크에서 온 남성 이주 노동자들은 고향에 아내가 있어도 남아프리카공화국 출신의 남자 친구를 둔다. 또한 사진작가인 애니 붕가로스Annie Bungaroth는 페루 남성들이 저녁에 약혼녀를 만난 후 남자 성 판매자와 데이트를 한다고 말한다.

모든 가능성들이 일어나고 있다. 작가인 제레미 시브룩은 인도의 한 남자의 사례를 이야기했다. 그 남자는 바라나시 근처에 있는 집에 돌아오면 여동생의 남편과 정기적으로 성 관계를 한다고 한다. 기혼 여성이 비밀리에 동성애 관계를 맺고 있는 경우도 생각보다 훨씬 많다고 한다.

더 전통적인 사회에서 많은 레즈비언들에게 양성애는 어느 정도의 성적 · 감정적 신뢰를 주는 유일한 방법이다. 인도 같은 국가에서 여성이 가족을 구성하지 않고 사는 것은 거의 불가능한 일이기 때문이다.

레즈비언 상담 전화를 이용해 본 경험이 있는 많은 여성들이 기혼이며 절망적인 상태였다. 델리 상담 전화 '산지니Sangini'는 어떤 여성들은 자살을 시도했다고 밝혔다. 남편에게 레즈비언 관계가 발각되어 살해된 여성들에 대한 보고도 적지 않다.

이러한 상황에서 인도의 페미니스트들은 레즈비어니즘과 양성애에 점차 관심을 갖기 시작했다. 뭄바이에서 열린 여성 억압에 대한 포럼에서 활동가 플라비아 아그네스Flavia Agnes는, "많은 페미니스트들이 레즈비어니즘 또는 양성애 문제를 의식적인 정치적 선택으로 간주하기 시작했다. 왜냐하면 페미니스트들은 자신들을 비롯해 일반 여성들이 결혼을 했든 안 했든 이성애 관계에서 불평등, 학대, 무시, 폭력 등을 당하고 있는 상황에서 자신들을 급진적이라고 생각할 수 없었기 때문이다."라고 말했다.[16]

에이즈에 대한 반응

에이즈의 창궐은 전 세계 성 소수자들에게 큰 영향을 미쳤다. 동성애자 활동가들을 비롯해서 많은 사람들이 죽었고 결과적으로 운동을 약화시켰다.

네 명 중 한 명꼴의 감염률을 보이고 있는 아프리카에서는 에이즈 문제를 해결할 방안에 대해 뾰족한 대안이 나오지 않고 있다. 그렇다고 해서 이것이 미친 긍정적인 영향과 공동체의 신속한 위기 대처 방안을 간과하는 것은 잘못이다.

1980년대 초 에이치아이브이/에이즈가 알려졌을 때 이는 '동성애자 역병'으로 불리면서 대중들은 레즈비언과 게이들을 공격했다. 공동체에 기반한 레즈비언·게이 활동가들은 주변화된 사람들과 특히 낙인찍힌 사람들이 건강관리를 받을 수 있도록 하기 위한 투쟁에 적극적으로 참여했다. 정치적으로 깨어 있는 게이·레즈비언 공동체가 이미 존재하고 있었다는 사실은 축복이었다.

이 공동체들은 새로운 공공 건강 단체의 기초가 되었으며, 특히 에이즈를 퇴치하기 위해 노력했으며 안전한 성 관계에 관한 지식들을 전파하였다.

페루, 멕시코, 니카라과에서 동성애자 운동은 에이즈 문제에 관여하고 교육하는 단체가 생기는 데 구심적인 역할을 했다. 브라질에서 일부 동성애자 단체는 사회사업가, 연구자, 종교인, 에이즈에 감염된 사람들과 함께 에이치아이브이/에이즈 단체를 세웠다. 이는 아프리카의 많은 지역과 인도의 지방처럼 조직화된 동성애자 기반이 없는 곳에서 훨씬 어려운 작업이었다.

어떤 국가들에서는 에이즈 조직 안에서 동성애자의 존재를 숨겨야 했다. 예를 들어 싱가포르의 '에이즈 활동 기구Action for AIDS'는 동성애자 조직이었지만 구성원 대부분이 커밍아웃▪할 준비가 되어 있지 않아서 얼마 동안 이 사실을 숨겨야만 했다.[17]

동성애가 위법이 아닌 국가들에서조차 동성애자들이 운영하는 에이즈 조직이 정부의 금전적 지원을 받기란 매우 어려웠다.

■ 깊이 읽기

커밍아웃

'벽장에서 나오다come out of closet'는 구절에서 유래한 것으로 동성애자들이 숨기고 있던 자신의 성 정체성을 드러내는 것을 말한다. 이와는 반대로 자신의 의지와는 무관하게 타인에 의해 동성애자임이 폭로되는 것을 '아웃팅outing'이라고 한다. 옮긴이

에이즈 창궐에 대한 공동체의 반응을 연구해 온 데니스 알트만은 동성애자 공동체가 '재앙을 통한 합법화'를 어느 정도 이루었다고 평가했다.

그러나 동성애가 불법인 국가들에서 에이즈 활동가들은 박해를 받았다. 자메이카에서는 2000년 5월에 한 간호사가 콘돔을 나누어 주었다는 이유로 구속되었다.

오늘날 에이즈와 빈곤, 불평등, 궁핍 간의 상관관계는 굳건히 확립되어 있다. 에이즈는 가난한 사람들을 강타한 구조 조정과 막대한 부채로 힘겹던 시기에 급격히 퍼졌다. 빈곤의 또 다른 산물인 성 매매 역시 증가하였다. 에이즈를 치료하기 위한 약품을 구입할 수 있는 것도 부와 관련 있다. 가장 가난한 지역에 사는 가장 주변화된 사람들이 오늘날 인체면역결핍바이러스에 감염되어 에이즈로 죽기 쉽다는 사실은 놀랍지 않다. 제약 회사에서 약값을 너무 비싸게 책정하고 있다. 또한 중앙아프리카의 전쟁광들은 강간을 무기로 사용하고 있다. 이들은 중앙아프리카에서 감염이 확산되고 있는 상황에 큰 책임이 있다.

그러나 알트만은 페미니즘과 동성애자 활동이 있는 곳에서도 에이즈가 창궐하고 있다는 사실을 지적했다. 알트만은 부유한 국가와 가난한 국가 모두에서 관련 조직들과 공동체가 안전한 성관계 지침을 가능하면 신속하게 알려야 한다고 제안했다.

다른 지역들은 현재의 아프리카처럼 엄청난 규모의 고통에 직면하지 않은 것처럼 보일 수 있지만 역시 피해가 적지 않다. 알트만이 지적한 것처럼 "1968년의 프랑스 항쟁과 1969년의 스톤월 항쟁의 뒤를 이어 게이·레즈비언이 수십 년에 걸쳐 조직화를 하지 않았다면 현재의 조직들은 존재하지 못했을 것이다." [18]

동성애자들의 쇼핑 거부

다양한 사람들과 함께 런던의 옥스퍼드 거리를 행진하고 있을 때였다. 누군가가 구호를 외치기 시작하자 다른 사람들도 동참했다. "우리는 여기에 있다, 우리는 퀴어다. 그리고 우리는 쇼핑을 하지 않을 것이다!"

동성애 금지 법안에 대한 항의는 도시에서 가장 붐비던 쇼핑 거리를 침체시켰다. 그러나 이 구호는 게이가 틈새시장의 목표가 되었다는 모순도 포함하고 있었다. 서구, 전문직, 비출산, 그리고 남자 수입의 두 배를 의미하는 남성 커플이 특별히 인기 있는 소비자로 등장하면서 '게이' 자체가 급진적인 저항의 징표가 아니라 하나의 패션 아이콘이 되었다. 거의 브랜드라고 할 수 있을 정도다. 주변이었던 것이 어느 정도는 주류가 된 것이다. 심지어 '포스트 게이 세계'라는 말을 사용하는 곳까지 있다. 상품을 판매하기 위해 성을 사용하고 또한 성을 판매한다. 심지어는 본질적으로는 매우 정치적인 게이 섹슈얼리티와 '동성애자 자부심' 행진*조차 점차 많은 곳에서 주요 돈벌이로 인식되고 있다. 시드니에서 매년 열리는 게이 마디 그라gay Mardi Gras는 경제적으로 2천3백만 달러의 이익을 창출한다. [19]

이 모든 것들은 의심할 바 없이 성 소수자를 사회가 점차 받아들이고 있는 상황을 반영하는 것일 수 있다. 적어도 경제적으로는 동성애자들이 '여기'에 있고 '퀴어'인 것은 긍정적이고 이들이 쇼핑을 하는 것은 환영받는다. 그리고 많은 사람들에게는 그걸로 충분하다. 만일에 당신이 정상적인 삶을 살 수 있고 당신의 특별한 소비 욕구가 그것을 가능하게 한다면 누가 정치적인 권리에 연연하겠는가? 당신의 돈이 이웃에 사는 이성애자의 돈과 같은 가치와 영향력을 지니고 있다면 말이다.

그러나 시위를 하는 사람들이 이렇게 생각하지 않는 것은 명백하다. 시장이 정치적인 권리를 가져다줄 수 없다. 세계의 어느 곳에서도 마찬가지다. 세계화가 걸어온 길을 짚어 본다면, 그 반대가 사실이다. 전 지구화된 소비 시장은 단일한 상품을 다양한 시장에 팔려고 할 때를 제외하고는 본질적으로 다양성을 추구하지 않는다.

그리고 다국적기업들은 지구화에 대한 반격이 삶과 자유를 희생시키는 여성 혐오와 동성애 혐오의 형태를 띤다면 누구의 권리

동성애자 자부심 행진

1999년에 '동성애자 자부심 행진'은 모두 38개 국가에서 열렸다. 그 가운데 13개 국가가 개발도상국이었다.

▶출처— *The Penguin Atlas to Human Sexual Behavior*, Judith Mackay, Penguin 2000.

를 위해서도 일어서지 않을 것이다. 오히려 다국적기업들은 이윤을 최대화하기 위해 새로운 근본주의적 현실에 적응하여 생산성을 높이려는 노력을 할 것이다.

시장의 유혹, 문화적 승인이라는 안도가 권리와 평등의 필요를 가려서는 안 된다. 차별적인 법과 관습이 사회적 정의에 저항하고 있다. 심한 박해를 받고 있거나 가난하게 살고 있거나 에이즈를 예방하는 방법을 모르고 있는 세계의 많은 사람들에게 이 문제는 명백히 삶과 죽음에 관한 것이다.

1969년에 실비아 리베라가 환영했던 스톤월 혁명은 어떠한가? 스톤월 혁명이 지금 도래했는가? 어떤 곳에서, 어떤 사람들에게는 그럴 것이다. 그러나 모두에게는 전혀 그렇지 않다.

칼 울리히스가 감옥에 갇힌 친구를 위해 변호문을 쓴 지 한 세기하고도 반이 지났다. 그러나 그보다도 수세기 전에 이성애적 틀에 맞추지 않고 자신들만의 문화를 만들어 낸 사람들이 있었다. 다음 장에서는 이러한 사람들과 그들이 살았던 사회의 숨겨진 역사에 대해 살펴보겠다.

N ▶ 3

동성애의 역사로
살펴본 세계

SEXUAL DIVERSITY

오래 전 성 소주자의 문화를 만들어 낸 사람들은 누
구인가?
지나간 역사 속에서 박해받던 동성애자들은 어떻
게 살아남았을까?
역사에 기록되지 않은 성 소수자들의 숨겨진 이야
기들에는 어떤 것이 있을까?

동성애의 역사로 살펴본 세계

역사는 지배자의 것이다. 그러나 동성애에 관한 숨겨진 역사들이 존재한다. 그 역사에 관심을 가지고 드러내는 것은 역사를 새로 쓰는 중요한 작업이다. 수피 신비주의자, 르네상스의 소도미(동성애를 일컫는다. 여호와가 소돔을 멸한 이유 중의 하나가 소돔 사람들이 동성애를 했기 때문이라는 성경 해석에서 비롯된 말이다. 옮긴이), 중국의 '복숭아 나누기'와 채식주의 자매들, 레즈비언 항해사, 트랜스젠더 아메리카 원주민 등 퀴어 역사에 관한 흥미로운 세계 여행을 떠나 보자.

"술자리에서는 종종 대화의 주제가 성으로 바뀌고는 한다. 희극 작가인 아리스토파네스Aristophanes는 이 모든 성과 젠더의 유래에 대해 말하고 있었다.

아리스토파네스는 처음에 남자, 여자, 자웅동체 이렇게 세 종류의 성이 있었고, 그 당시의 인간은 지금과는 굉장히 달랐다고 했다. 인간은 둥글게 생겼고 네 개의 팔과 다리, 두 개의 얼굴을 지닌 두 독립체가 붙어 있었다는 것이다.

이때의 인간은 너무나 강해서 신의 권력을 위협했기 때문에 제우스가 인간을 가운데로 나누어 버렸다. 이에 '인간은 자신의 반쪽을 간절히 갈망'하게 되었다.

자웅동체에서 갈라져 나온 남자는 여자에게, 여자는 남자에게 자연스럽게 끌리게 되었다. 그러나 원래 여자에서 갈라져 나온 여자는 여자에게, 원래 남자에서 갈라져 나온 남자는 남자에게 끌리게 되었다."

이 이야기는 플라톤Plato의 『향연Symposium』에 실려 있다. 비록 '동성애', '트랜스젠더' 같은 용어들은 사용되지 않았지만 우리가 아리스토파네스의 이야기에서 확인할 수 있는 것처럼 이들에 관한 이야기는 매우 오래 전부터 전해지고 있다.

어떤 문화들에서는 이성애로부터의 일탈이 매우 흔했고 쉽게 수용되었다. 후에 덜 관대한 시대에 이르자 역사적 기록에서 이러한 증거들이 많이 삭제되었다.

최근에야 퀴어의 삶과 문화가 가치 있는 역사 연구의 주제로 간주되기 시작했는데 이는 '아래로부터의 역사'라는 방법론의 등장에 많은 영향을 받았다.

퀴어 역사를 복원하기는 쉽지 않다. 중세 유럽의 소도미 재판 때 죄인들과 그들의 기록이 함께 소각되었던 것처럼 퀴어에 관한 많은 기록들이 소각되었다.

어떤 자료들은 레즈비언, 게이, 양성애자였던 고인의 '명예를 보존'한다는 이유로 친구나 친척들이 파기시켰다. 작가

●**아래로부터의 역사**─지배층 중심의 역사 서술에서 벗어나, 배제되어 왔던 일반 대중들의 삶에 관심을 기울이는 역사 서술 방법론을 말한다. 역사의 주체는 지배 계급이 아니라 대중이라고 보는 관점이다. 옮긴이

나 예술가들이 동성애 욕망을 느꼈거나 동성애 관계를 했었다는 증거들은 이런 식으로 감추어지거나 폐기되었다. 성 정체성이 숨겨진 예술가로는 에드워드 리어Edward Lear, 샬롯 브론테Charlotte Bronte, 매리 울스턴크래프트Mary Wollstonecraft, 에밀리 디킨슨 Emily Dickinson, 하우스먼A. E. Housman, 엘리엇T. S. Eliot, 루드비히 비트겐슈타인Ludwig Wittgenstein, 조지 엘리엇George Eliot, 콜 포터 Cole Porter, 페데리꼬 가르시아 로르카Federico Garcia Lorca, 존 던 John Donne 등이 있다.[1]

인류학자들이 자신의 명예가 훼손될 것을 걱정하여, 수십 년 전에 발견된 인류학적 정보들이 출판되지 않은 채 사장되어 있는 경우도 있다. 게이에 관한 역사가 은폐되었거나 간과되었다면 레즈비언의 역사는 섹슈얼리티와 성별을 고려해 봤을 때 더욱 그러했을 것이다.

이러한 현실이 특히 레즈비언 학자들 덕분에 변하고 있다. 일부를 언급하자면 몸바사, 켄야의 부유한 무슬림 여성들, 중국 혁명 이전 '채식주의 자매들', 가타 여자들 간의 결혼 전통, 레소토와 다른 아프리카 국가들, 호주 원주민 사회에서 사촌들 간의 동성 성 관계 등에서 레즈비언 전통이 발견되었다.[2]

이러한 맥락에서 전기 작가들은 특별한 여성들의 역사를 추적하기 시작했다. 영국 여왕 앤Anne은 시녀 사라 처칠Sarah Chruchill과 오랫동안 연인 관계였으며, 스페인 귀족 메르세데스 데 아코스타Mercedes De Acosta의 연인들 중에는 마를린 디트리히Marlene Dietrich와 그레타 가르보Greta Garbo가 있었다. 1898년에 태어나

동성애자였다는 사실이 숨겨진 예술가들

▶ 에드워드 리어(1812~1888)
영국의 시인. 1846년에 발표한 『넌센스 시집』으로 유명해졌다. 화가이자 아동문학가로 자신의 책에 직접 삽화를 그려 넣기도 했다.

▶ 샬롯 브론테(1816~1855)
영국의 소설가. 동생 에밀리 브론테와 공동작업을 한 것으로도 유명하다.

▶ 메리 울스턴크래프트
1792년에 페미니스트 사상을 좌우하는 획기적인 작품 『여권옹호론』을 완성했다. 페미니즘 이론에 관한 최초의 기록이다.

▶ 에밀리 디킨슨(1830~1886)
미국의 시인. 자연과 사랑, 죽음과 영원에 관한 작품을 많이 남겼다.

▶ 하우스먼(1859~1936)
영국의 고전학자이자 시인. 『최종 시집』이 유명하다.

▶ 엘리엇(1888~1965)
미국의 시인. 『의식에서 로맨스로』, 『프루프록과 그 밖의 관찰들』 같은 책을 남겼다.

▶ 조지 앨리엇(1819~1880)
미국의 소설가. 『급진주의자 펠릭스 홀트』, 『플로스 강변의 물방앗간』 같은 작품을 남겼다.

▶ 콜 포터(1891~1964)
미국의 대표적인 작곡가. ‘Night and Day’, ‘Begin the Beguine’, ‘I love Paris’ 등의 작품이 유명하다.

▶ 페데리꼬 가르시아 로르카
스페인의 극작가이자 시인. 『첫번째 집시 가곡집』의 대성공으로 지식인과 대중에게 골고루 사랑받았다. 동성애자임을 공공연하게 밝혔고, 작품 안에도 적극적으로 표현했으나 파시즘 정부에 박해를 받았다.

▶ 존 던(1572~1631)
영국의 시인이자 성직자. ‘노래와 소네트’가 대표작이다.

로마의 성적 예의

고대 로마의 성인 남자는 두 개의 성적 역할을 하는 것이 예의로 간주되었다. 하나는 '이루모irrumo'로 펠라치오를 하게 하는 것이고, 또 다른 하나는 '후투오futuo'로 여자에게 삽입하거나, '페디코pedico'로 남자에게 삽입하는 것이다. 예의 없지만 허용되는 남성의 성적 역할은 '펠로fello', 즉 펠라치오를 하는 것이다. 또한 '체베오ceveo'라는 것이 있는데 역사학자 데이비드 헬퍼린은 이 단어가 영어로 번역이 불가능하다고 했다.* 로마에는 남자건 여자건 허가받은 성 판매자가 많았고 성 판매자가 어떤 성적 서비스를 하느냐에 따라 분류되었다. 젊고 수동적인 남자는 '카타미투스catamitus'라고 불렸다. 지속적인 관계를 맺는 성 판매자는 '콘쿠비누스concubinus'라고 불렸다. 일반적으로 노예인 엑솔레티exoleti는 다양한 성적 서비스를 제공했다. 특히 성기가 큰 남자 성 판매자는 '다우치dauci'라고 했는데, 여자와 남자가 모두 고객이었다.

---

* *Hidden from History*, Martin Bauml Duberman, Martha Vicinus, George Chauncey eds, Penguin, 1989.

'토양 협회Soil Association'를 창립하고, 친환경 농경 운동을 한 이브 벨퍼Eve Balfour도 전기 작가들이 관심을 갖는 여성이다.[3]

1953년에 게이 시인 잭 스파이서Jack Spicer는 "우리 동성애자들은 문화적 유산에서 어떤 흔적도 남지 않은 유일한 소수자다."라고 썼다.

이제 상황이 변하고 있다. 다음에서 몇 개의 성 소수자 역사를 소개하고자 한다.

그리스의 사랑과 로마의 예절

고대 그리스에 동성애 문화가 있었다는 사실은 너무나 명백해서 후세의 조신한 문명이 이를 완전히 숨기는 것은 불가능하다.

고전 예술 및 종교 작품에 동성 간의 사랑에 대한 언급이 가득하다. 제우스Zeus가 미소년 가니메데스Ganymede를 사랑했던 이야기에서 그가 양성애자라는 사실이 드러난다. 그리스 문학과 철학은 이러한 섹슈얼리티가 흔했고 수용 가능한 행위였음을 암시한다. 이것은 윤리의 문제가 아니라 단순한 선호의 문제였다.

고대 그리스 사회에서 여성의 지위가 낮았다는 것을 고려할 때 여성 간의 성 관계가 거의 언급되지 않는다는 사실은 놀랍지 않다. 레스보스의 시인 사포Sappho는 유명하고 상상력을 자극하지만, 사포에 대해 알려진 바는 거의 없다. 사포는 기원전 620년부터 기원전 550년까지 살았다고 추정되며 젊은 여자들을 위한 학교를 운영했고, 서정적인 사랑의 시를 한 명 또는 여러 여자들에게 바쳤다고 한다.

2세기에 로마에서 활동했던 그리스 의사 소라노스Soranos는 '트리베드tribade'라고 불리는 여성 동성애자들에 대해 언급했다.

소라노스는, "이들은 여자, 남자 모두와 성 관계를 하지만 여자와 성 관계를 하는 것을 더 좋아했고 거의 남성스러운 질투심을 지니고 여자를 좇았다."고 말했다.[4]

매우 가부장적이었던 그리스와 로마에서는 남자가 어떤 성과 성 관계를 하느냐보다 관계 내에서의 역할과 권력이 더 중요했다. 2세기에 아르테미도리우스 달디아누스Artemeidorus Daldianus는, "남자가 더 부유하고 더 나이 많은 남자에게 삽입을 받는 것은 긍정적이다. 왜냐하면 그러한 남자들에게 받는 것이 관습이기 때문이다. 더 어리고 가난한 남자에게 삽입을 받는 것은 부정적이다. 왜냐하면 그런 사람에게는 주는 것이 관습이기 때문이다."라고 말했다.

동성 간의 섹스는 수용되었을 뿐 아니라 미적·감정적으로 바람직하다고 간주되었다. 플루타르크Plutarch는 『사랑에 대한 대화 Dialogue on Love』에서, "고귀한 사랑을 하는 사람은 몸의 차이와 상관없이 아름답게 빛나는 존재와 사랑을 한다. 인간의 아름다움을 사랑하는 사람은 여자와 남자의 옷이 다른 것처럼 사랑에 있어서도 다를 것이라고 생각하기보다는 두 성 모두에게 똑같이 매력을 느낄 것이다."라고 주장했다.[5]

현재 이슬람 근본주의자들이 동성애에 어떠한 태도를 취하고 있는가를 생각해 보면, 중세 이슬람에서 동성애 문학이 번영했다는 사실은 놀랍다.

역사학자 존 보스웰John Boswell은, "이것은 문학적 관례 그 이상이라고 말하는 것이 옳을 것이다."라고 썼다.

10세기 무슬림 사회에서 살았던 유대인 사아디아 가온Saadia Gaon은 '열정적인 사랑'의 바람직함에 대해 토론하면서 동성애적 열정만을 언급하였다. 고대 아랍 서적에서는 종종 동성애자들이 하나의 명백한 유형으로 언급된다. 아랍 문학의 고전인 『천일야화The Thousand and One Nights』에서 동성애와 이성애 중 무엇을 선호하는가에 관한 논쟁이 세 번 나온다. 419일째 이야기에서 갈망하는 눈빛으로 소년들을 바라보고 있는 남자에게 한 여자가, "나는 당신이 여자보다 남자를 좋아하는 사람이라는 걸 눈치 챘어요."라고 말한다.

9세기에 쿠스타 이븐 루카Qusta ibn Luqa는 심리학 책에서 인간이 심리학적으로 구별되는 스무 개의 범주를 다루었다. 그중 하나의 범주는 성적 대상의 선택이다. 쿠스타는 어떤 남자들은 여자에게, 어떤 남자들은 남자에게, 또 어떤 남자들은 양자 모두에게 "매력을 느낀다."고 설명한다. 쿠스타는 알 라지ar-Razi나 다른 많은 무슬림 과학자들처럼 동성애가 유전된다고 믿었다.[6]

711년에 무슬림이 스페인을 침략했을 때 무슬림은 동성애를 억압하는 기독교 법률을 없앴다. 기독교 법률은 동성애자를 거세 시키거나, 머리카락을 밀거나, 태형에 처하거나, 추방하라고 명하고 있었다. 남부 스페인에서 7백 년 동안 지속되었던 무슬림 규율은 훨씬 지적이고 종교적이며 성적으로 관용적인 시대를 만들었다.[7]

특히 이슬람교 신비주의자들인 수피의 시들은 주로 트랜스젠더와 동성애 행위를 소재로 삼고 있다. 이러한 전통이 잘랄루딘 루미(Jalal Al Din Rumi, 1207~1273)의 작품처럼 세계 문학에서 가장 아름다운 남성 서정시로 간주되는 작품들에 영감을 불어넣었다. 수피교의 영향을 받은 많은 작품들이 동성애를 다루고 있다. 11세기에 쓰여진 카이카 우스 이븐 이스칸다르Kai-Ka us ibn Iskandar의 『카부스 나마Qabus-nama』가 한 예다. 한 귀족은 자신의 아들에게 여자뿐 아니라 남자들과도 쾌락을 즐길 수 있도록 남자와 여자 모두를 사랑하여 양성애자가 되라고 권하기도 했다.[8]

유럽의 동성애

르네상스 시대의 유럽은 동성애를 심하게 처벌했지만 한편으로 동성애가 널리 성행하였다.

귀족들은 종종 동성애 파트너가 있었고, 프랑스의 헨리 3세와 영국의 제임스 1세의 동성애는 잘 알려져 있다. 영국의 로체스터 Rochester 백작이, "나는 애인이 그리워서 소년과 성행위를 했다." 고 썼던 것은 유명하다. 런던의 상인과 배우, 베네치아의 이발사와 사공, 제네바의 화가, 노동자, 하인, 선원 등이 사회적 스펙트럼을 넘어 남자들끼리 성 관계를 했다.

도제 시스템은 도제가 주인과 함께 살 때 특히 유용했다. 화가 도나텔로Donatello는 '재능보다 아름다움'이라는 자신의 원칙을 선택한 여러 명의 화가들 중 한 명에 불과하다. 이탈리아 시엔의 예술가 지오반니 안토니오 바치Giantantonio Bazzi는 공식적으로 자신을 '소도미'라는 별명으로 부르라고 요구했고 미켈란젤로 Michelangelo는 자신이 독실한 금욕주의자라고 주장했지만 여러 남자들을 향한 미켈란젤로의 신플라톤적 열정은 널리 알려져 있다. 레오나르도 다 빈치Leonardo da Vinci 역시 소도미로 기소되었다. 벤베누토 첼리니Benvenuto Cellini는 그의 경쟁자가 그를 '더러운 소도미'라고 불렀을 때, "그처럼 숭고한 행위에 어떻게 빠질 수 있는지를 내가 알았다면 얼마나 좋겠는가. 어쨌든 우리는 제우스가 가니메데스와 함께 낙원에서 그것을 즐겼다는 걸 알고 있다."고 맞섰다.

여성들에 관한 기록은 별로 없지만 16세기에 피에르 드 보데일리Pierre de Bourdeille는 프랑스 왕궁에서, "이름은 밝히지 않겠지만 귀족 부인이 이탈리아에서 옷을 들여온 후에" 여성들 간의 성관계가 매우 성행하게 되었다고 보고했다. 이들 여성들 중에는 소녀들과 미망인들도 있었는데 이들은, "남자와의 성 관계로 인해 임신으로 명예가 실추되고 처녀성을 잃는 것"보다 여자와의 성 관계를 선호했다고 한다. 또 다른 여자들은 남자들과의 성 관계 기술을 발달시키기 위해, "이 작은 훈련은 남자와 더 위대한 사랑을 하기 위한 예행연습에 불과하다."고 말하면서 여자와 성 관계를 했다. 그 시대의 많은 남자들은 여자들끼리 끌리는 것을 자신이 여자의 성적 욕망의 대상이 되는 것에 대한 심각한 위협으로 간주하지 않았다.[9]

17세기에 스웨덴의 크리스티나 여왕이 결혼을 하지 않기 위해 왕위를 포기했다는 것은 역사적인 사실이다. 다양한 계층과 배경을 지닌 여자들이 여자와 성 관계를 했다. 플리머스에서 요크 가 공작부인의 시녀와 프랑스 여배우인 두 유부녀가 '침대에서 음란한 행위를 하고 있는 것'이 발각되었다. 이탈리아의 베네데타 칼리니Benedetta Carlini 수녀가, '자신의 동료에게 자신과 성 관계를 하라고 명령하는 환상을 봤다.'고 주장한 뒤 신성모독으로 무기징역을 선고 받은 기이한 사건도 있었다.[10]

두 개의 영혼을 지닌 아메리카 원주민들

미국 원주민 사회에서 동성애와 트랜스젠더 전통은 널리 퍼져 있었다. 동성끼리 결혼해서 함께 살았다는 보고와 남자 옷을 입고 남자처럼 행동하는 여자와 여자 옷을 입고 여자처럼 행동하는 남자에 대한 기록이 있다.

유럽 출신의 기록자는 이러한 관습을 처음 접했을 당시 모국어로 기술했다. 그는 아메리카 인디언 중 수동적인 남자 동성애자를 프랑스어로 '노예 소년'이라고 지칭했다. 노예라는 의미가 매우 잘못되었지만 이 용어가 고착되었다. 오늘날 '두 개의 영혼'

이라는 용어 사용을 선호하는 사람들도 있다.

동성애자 이성 복장 착용자는 특정한 종교적 의무를 지니고 있고, 특별한 지적 · 예술적 · 영적 능력을 지니고 있다고 간주되었기 때문에 주로 부족의 무당이거나 치료자가 되었다. 또한 여성적 특질과 남성적 특질을 결합시키는 능력을 지니고 있다고 평가되어 두 성 간의 중개자 역할을 맡기도 했다.[11]

북아메리카 인디언 사회에서 여성들이 전통적인 남성의 역할을 하고 남자처럼 사는 것은 상대적으로 쉬웠다. 유콘 족의 소녀들 중 결혼과 출산을 거부한 소녀들은 남자 옷을 입고 사냥에 참여하였다. 수Sioux 족 여성들 중 무사가 된 이들도 마찬가지였다. 캐나다의 카스카 인디언 사회에서 부모는 딸들 중 한 명을 무사로 길렀다. 무사로 길러진 딸은 다른 여자들과 성 관계를 가졌다. 만일에 남자와 성 관계를 맺었다면 레즈비언 게임의 행운을 누리지 못했을 것이다.

아메리카 인디언 관습을 면밀히 연구한 19세기 군 장교는, "남자 커플들은 서로를 진심으로 사랑하는 것 같다. 이러한 애정은 수년간 지속된다."고 말했다. 사랑하는 두 남자의 관계는 '우정 댄스friendship dance'에서 공식화되곤 했다.

역사학자 월터 윌리엄스Walter M. Williams는 이러한 우정이 반드시 동성애적인 것은 아니나 남자에게 성적 욕망을 느끼는 모든 남자들이 자연스럽게 성적 행동을 할 수 있는 기회가 되었다고 주장한다.

인디언 사회는 우주가 흑인과 백인, 남성과 여성, 선과 악 등

절대적이고 극단적으로 구성되어 있다고 생각하지 않았다. 또한 성별 정체성과 성 역할이 생물학적 성과 자동적으로 일치한다고 도 생각하지 않았다. 마찬가지로 영혼과 육체도 분리되지 않았다 고 보았다. 한 공동체의 영적인 것을 이해함으로써 다른 모든 조 직의 제도, 관습, 지향, 오락 등을 알 수 있다. 어떤 사람에게 '자 연적'인 것은 영혼이 그에게 속삭이는 바다. 따라서 영혼이 누군 가에게 환상이나 꿈을 통해 이성처럼 행동하고 이성의 옷을 입으 라고 말한다면, 그 사람이 그에 따르지 않는 것은 그들의 문화에 반하는 것이고 또한 그들의 삶을 위험에 빠뜨리는 것이다. 한 인 디언 노인은, "사람은 자연이나 꿈이 만드는 대로 된다. 우리는 그 사람이 원하는 바를 인정한다."고 말했다.[12]

오늘날 아메리카 인디언 후손들 중 동성애자와 트랜스젠더는 그들이 되찾은 역사에서 용기를 얻고 있다. 아파치 족이면서 스코 틀랜드계 아일랜드 후손인 게리 보웬Gary Bowen은, "내가 성별을 바꾼 것은 백인들이 말하는 정신병 때문이 아니라, 영혼의 신성한 부르심을 받았기 때문이다. 나는 인디언의 후손으로서 나의 조상 들이 이 문제의 길잡이가 되어 줄 것이라 기대한다."고 말했다.[13]

중국의 '복숭아 나누기'와 채식주의 자매들

중국에서 동성애는 오랜 역사를 지니고 있고 기록으로 남아 있 다. 3세기 문서인 『전국 시대 연대기Chronicles of the Warring Sates』 에는 자신의 동성애를 꾸밈없이 표현한 당시의 주요 인물들의 전기가 포함되어 있다.

『전국 시대 연대기』에는 위나라 군주 링Ling과 대신 니 시아Ni Xia의 애정이 기록되어 있다.

링과 니 시아는 함께 과수원을 산책하고 있었는데 니가 복숭아를 따서 한 입을 먹었다. 니는 복숭아가 매우 맛있어서 나머지를 군주에게 주었고 여기에서 '복숭아를 나누는 사랑'이 남자 동성애를 완곡하게 지칭하는 표현이 되었다.

역사학자 비비언 엔지는 이후 공식적인 역사에서도 역사상 핵심 인물들의 동성애 사실을 숨기지 않았다고 쓰고 있다. 『전한의 역사History of the Former Han』에는 기원전 6년부터 기원전 1년까지 통치했던 마지막 황제 애제가 많은 남자들을 사랑했는데 그중에서도 동 시안Dong Xian이라는 남자를 특별히 아꼈다고 기록되어 있다. 하루는 동이 머리를 황제의 소매에 기댄 채 소파에서 낮잠을 자고 있었다. 황제는 신하들을 만나기 위해 자리를 떠야 했고 황제는 자신이 사랑하는 동을 깨우지 않기 위해 소매를 잘랐다. 이 이야기에서 동성애를 지칭하는 또 하나의 일반적인 문학 용어인 '잘린 소매duanxiu'가 생겨났다.

남자 동성애는 노골적인 성적 표현을 하지 않으며 당사자들이 자식을 낳는 의무를 게을리 하지 않은 이상 수용되었던 것으로 보인다.

17세기 중국에서는 동성애 문학이 널리 읽혔다. 작가인 선 데푸Shen Defu는 푸젠 성 지역에서 남자 동성애가 흔하다고 적고 있다. "푸젠 성 사람들은 특히 남자 동성애를 좋아한다. 이 선호는

채식주의 자매들

19세기에 중국 남부의 광동에서 수천 명의 여자들이 다른 여자들과 자매 관계를 맺었다. 대부분이 비단 만드는 일을 해서 경제적인 독립을 할 수 있는 여자들이었다. 여자들은 여신 인Yin에게 절대 남자와 결혼하지 않겠다고 맹세하고 '금빛 난초 연합Golden Orchid Association' 또는 '상호 이해 연합'이라는 이름으로 자매 관계를 맺었다. 자매가 된 이들은 공동주택에서 함께 살았고 아프거나 죽었을 때 서로를 돌봤다.[*]

일부 주택은 채식 전용 공간이었는데 그 공간에서는 육식이나 이성과의 접촉이 금지되었다. 이곳에서 여자들은 비구니만큼 엄격하게는 아니지만 종교적인 삶을 살았다. 여자들 간의 성적 관계는 소위 '처녀 홀'이라고 불리는 공간에서 할 수 있었다. 이곳에서 이성과의 접촉은 금지되었지만 엄격하게 종교적이거나 채식만을 해야 하는 공간은 아니었다.

1949년 홍군이 승리한 후 이러한 자매 관계가 봉건적 유산이라는 이유로 금지되자 많은 여자들이 말레이시아, 싱가포르, 홍콩, 대만 등으로 피신했다.

---

* *Female Desires*, Evelyn Blackwood and Saskia Wieringa eds, Columbia University Press, 1999.

특정한 사회적·경제적 계층에 국한되지 않았다. 그들은 서로를 '동맹 형제'라고 불렀다. 동맹 형제 중 형이 아우의 집을 방문하면 아우의 부모가 사위처럼 반갑게 맞이했다."

대부분의 동성애 문학이 남자들 간의 관계를 칭송하고 있지만 눈에 띄는 예외도 있다. 리 위Li Yu의 연극 〈향기로운 동료에 대한 연민Pitying the Fragrant Companion〉에는 기혼녀와 비구니가 등장한다. 이 두 여자는 매우 사랑해서 자신들끼리 결혼식을 올린 후 기혼녀가 자신의 남편이 자신의 애인을 첩으로 들이게 종용하여 두 여자가 행복하게 살았다는 내용이다.[14]

남자처럼 행동하는 여자들

근대 초기 유럽에는 군인이나 항해사가 되기 위해, 안전하게 여행하기 위해, 남성들이 누리는 권력과 자유를 얻기 위해서 등 여러 가지 이유에서 남자 옷을 입고 남자처럼 행동하는 여자들이 많이 있었다.

또한 어떤 여자들은 다른 여자에게 구애하여 심지어 결혼까지 하기도 했다. 여자와 결혼한 부인들은 자신의 남편이 예상했던 바와 조금도 다르지 않았다고 말하기도 했다.

남장을 했다는 사실이 발각되면 심한 처벌을 받았고 심지어 사형을 당하기도 했다. 레즈비어니즘을 했다는 것이 아니라 남자를 사칭하여 남성의 사회적 권력을 도용했다는 것이 죄명이었다.

연구자 로테 반 드 폴Lotte van de Pol과 루돌프 데커Rudolf Dekker

는 17세기와 18세기 네덜란드와 영국에서 119개의 사례를 발견했고 덴마크, 스페인, 이탈리아에도 비슷한 사례들이 존재한다. 폴과 데커는 이것이 빙산의 일각일 것이라고 생각하고 있다.[15]

모험을 좋아하거나 가난하거나 곤경에 처한 여자들이 남자 행세를 하는 것은 좋은 선택이었다. 대중가요는 여자 항해사나 군인의 모험을 노래하기도 했지만 남자 행세를 하는 여자들 대부분은 영웅적 행동과 용기를 조롱당했다. 1762년에 한 영국 남자는 군대에 남자로 위장해 들어온 여자들이 너무 많으니 그들만의 연대를 하나 만드는 게 좋겠다는 농담을 하기도 했다.

아프리카의 전통

현재 다수의 아프리카 지도자들이 동성애는 아프리카 전통과 무관하다고 공식적으로 발언하고 있다. 그러나 인류학자들과 역사학자들은 그와 반대되는 사실들을 발견하였다. 아마도 이집트와 리비아는 예외겠지만 동성애와 트랜스젠더 행위는 아프리카가 외부 세력들의 지배를 받기 오래 전에 명백히 존재했다.

남서부는 수단, 북쪽은 콩고, 남동쪽 일부는 중앙아프리카공화국인 아잔데Azande에서는 20세기가 시작하기 전까지 오랫동안 윗 세대와 아랫 세대 남자들이 동성애를 했다. 지배자나 무사와 소년이 동성애를 하는 경우가 일반적이었다.

인류학자 에드워드 에번스프리처드Edward Evans-Pritchard는 동성애는 전통적인 것이지, 외부의 영향이 아니라고 주장했다. 아

남자로 살다가 여자와 결혼한 여자
마리아 밴 안트베르펜

마리아 밴 안트베르펜Maria van Antwerpen의 사례는 당시에 큰 센세이션을 일으
켰다. 1769년 2월 23일 마리아는 네덜란드의 고우다에서, "이름과 특성을 바꾸
는 극악한 사기를 저지르고 결혼에 관한 인류의 신성한 법을 모욕했다."는 이유
로 고소되었다.

고소되기 8년 전, 마리아는 남자 옷을 입고 군인으로 입대했다. 마리아는 남장
을 한 채 여자에게 청혼을 해서 결혼을 했다. 결혼을 한 여자는 마리아가 여자
라는 것을 알지 못했다. 게다가 마리아의 결혼은 그때가 처음이 아니었다.

법정에서 마리아는 자신이 "다른 여자들과 전혀 달랐기 때문에 남자 행세를 하
는 것이 최선이었고, 외모는 여자였으나 본성은 남자였다."고 말했다.

마리아는 성 매매의 나락에 떨어진 한 소녀와 만난 일을 회상했다. 마리아는 자
신이 남장으로 무장을 하지 않고서는 자신을 기다리는 운명이 이것뿐이라는 것
을 깨달았다고 말했다.

1800년까지 관료정치가 증가하면서 마리아 같은 여자들이 남자로 살기가 더 어
려워졌다. 군대가 강화되고 모든 신병이 신체검사를 거쳐야 했다. 또한 신분증
없이 여행을 하기가 힘들어졌다.

마리아는 자서전에서, "어머니인 자연이 나의 취향과 열정에 연민을 보여 주지
않아서 정말 화가 났다."고 말하고 있다.[*]

---

[*] *The Tradition of Female Transvestism in Early Modern Europe*, Lotte C van de pol
and Rudolf M Dekker, Macmillan Press, 1989.

잔데 여자들도 동성애를 했는데 대부분의 남자들은 이것이 여자의 권력을 두 배로 만든다고 생각해서 매우 두려워했다. 레즈비어니즘은 공주들의 궁궐에 사는 여자들 사이에서 특히 흔했던 것으로 보인다. 궁궐에 사는 여자들은 주로 모조 음경을 사용했다. 또한 레즈비어니즘은 마법과 관계있는 것으로 생각되었다. 사람들은 여자들끼리 성 관계를 하면 '고양이 인간'을 낳게 된다고 믿었다.

수단의 닐로틱Nilotic 족 가운데 누바 사람들 중에는 트랜스젠더 동성애자가 있었다고 기록되어 있다. 당시에 동성애를 하는 남자를 지칭하는 단어가 여럿 있었고, 인류학자 네이들S. F. Nadel은 동성끼리 결혼도 했다고 주장했다. 또한 동성애를 하는 남자나 트랜스젠더 남자는 우간다의 랑고Lango, 케냐의 무루스Murus, 남부 잠비아의 일라스Ilas, 남아프리카의 줄루Zulu 족 등 여러 아프리카 문화에서 영적 지도자의 역할을 했다.

나이지리아의 요루바Yoruba 족의 종교는 모든 아프리카 종교에 널리 퍼졌다. 16세기 초기부터 19세기 후반까지 미국으로 간 천이백만 명의 아프리카 사람들이 요루바 족이다. 이들은 주로 요루바 종교를 믿고 있다.[16] '오리샤Orisha의 길'이라고도 알려진 그들의 종교는 성 소수자들에게 큰 영향을 미쳤다. 이 부족의 언어 가운데 성 소수자들을 설명하기 위한 용어가 스물다섯 개가 넘었는데, 대부분 아프리카 언어로 되어 있었다.

이 중에는 동성애자, 이성애자, 트랜스젠더 남자를 지칭하는 '아도디adodi', 레즈비언, 양성애자, 트랜스젠더 여자를 지칭하는

'알라쿠아타alakuata' 라는 용어가 있다.

앞서 언급한 아프리카 대부분의 국가들에서 동성애는 불법이다. 특히 아잔데 족의 고향인 수단에서는 사형에 해당한다. 여기에 적용되는 법은 이슬람 율법 샤리아shari'a이거나 영국 식민지 시대의 규율이다.

'같은 사람들' 이라는 동질감

들쑥날쑥하긴 하지만, 퀴어의 역사는 흥미로울 뿐 아니라 성소수자들에게도 유용하다. 퀴어 역사는 '곧지 않은 삶(이성애자를 의미하는 'straight'에서 비롯된 표현이다. 옮긴이)'을 살고 있는 이들에게 지속감을 준다. 또한 '나와 같은 사람들'과 문화가 과거에 존재했고 그 문화가 매우 융성했음을 알려 준다. 예를 들어 아프리카계 미국인 작가 오드르 로드는 부모님의 고향인 카리브 연안 지역의 문화와 자신의 섹슈얼리티를 연결시킬 수 있었고 또한 아프리카 여자들의 동성 조합에 가입할 수 있었다.

퀴어 역사는, 동성애 혐오에 의해 너무나 자주 억압되고 부서지고 침묵을 강요받은 역사로 가는 길을 열어 준다. 다음 장에서는 동성애 혐오에 대해 살펴보자.

N ▷ 4 호모포비아

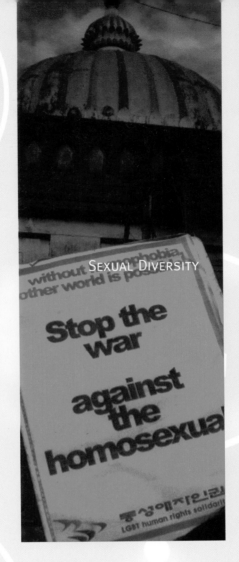

SEXUAL DIVERSITY

동성애 혐오는 어떤 형태를 띠고 나타나는가?
호모포비아가 널리 퍼지게 된 까닭은 무엇인가?
일반적인 사람들이 지니는 동성애 혐오의 원인은
어디에 있으며, 그 오해와 편견은 동성애자들에게
어떤 고통을 주었는가?

호모포비아

이천 년 동안이나 지속되어 온 호모포비아에 의해 동성애자들이 당한 고통은 인권의 문제를 환기시킨다. 호모포비아는 종교, 정치와 밀접하게 관련되어 있고 국가의 위기 상황을 극복하기 위한 방편으로 동원되기도 하였다. 호모포비아의 원인을 분석하여 사회적 맥락을 드러냄으로써 동성애 혐오에 균열을 낼 수 있을 것이다.

"이 역겨운 악, 소도미가 얼마나 국가를 훼손시키고, 비밀리에 얼마나 많이 퍼지는가를 생각한다면 사형 선고는 지나치지 않다."

이것은 18세기 독일의 개신교 신학자 요한 미하엘리스Johann Michaelis의 발언이다. 동성애는 지난 이천 년 또는 그보다 훨씬 오랫동안 많은 시대와 장소에서 거론되었다.

수십만 명이 사회의 성에 관한 규범을 깨기 위해 자신의 목숨을 바쳤다. 그러나 동성애자 처벌에는 독특한 증오와 우리가 오늘날 '호모포비아(동성애 혐오증)' 라고 부르는 극단적인 반응이 수반되었다.

'호모포비아' 는 1960년대에 등장한 상대적으로 새로운 용어다. 1972년에 조지 바인버그George Weinberg는 『사회와 건강한 동성애 *Society and the Healthy Homosexual*』에서 동성애 혐오를, "동성애자와 대면했을 때 느끼는 공포"라고 정의했다. 마크 프리드만Mark Freedman은 여기에, "동성애자에 대한 극단적인 분노와 공포"라는 정의를 덧붙였다.[1] 작가 오드르 로드는 1978년에, "동성을 사랑하는 감정에 대한 공포로 인해 다른 사람들이 느끼는 그러한 감정에 대한 증오"라고 정의하여 개념에 깊이를 더했다.[2]

동성애가 역병, 지진, 기근의 원인?

기원전 그리스 로마 시대에는 동성 간의 성 관계를 금지하는 법이나 동성애에 대한 처벌은 없었다. 그러나 기원전 100년부터 기원후 400년 사이에 유럽과 중앙아시아에서 동성애에 대한 태도가 변했다. 고대 말 사랑의 가장 숭고한 형태로 간주되던 것이 관용을 잃기 시작한 것이다.

이는 금욕주의의 증가와 관련 있는데, 금욕주의는 신플라톤주의자들과 유대 철학자들의 성적인 것에 반대하는 입장과 '이교도'에 반대하는 신기독교 종파들의 교리에서 비롯되었다. 주로 사도 바울의 견해에 영향을 받은 유대인과 초기 기독교 신자들의 글에는 동성애와 이성의 옷을 입는 사람들에 대해 좀 더 일반적인 반감이 드러난다.

그러나 동성애는 일부 기독교 공동체 안에서 번성했다. 그리스의 교부 존 크리소스톰John Chrysostom은 안티오크의 기독교 공동체에 관해 서술하면서, "극단적인 개방성에서 이러한 행태가 자행되었다. 그들은 자신들의 행동을 수치스러워하기는커녕 자부심을 갖고 있으며, 도시 한복판에서 마치 거대한 사막에 있는 것처럼 남자들이 서로에게 꼴사나운 짓들을 하고 있다."고 불평했다. 크리소스텀은 이러한 행위에 사형이 구형되기를 희망했다.

313년에 로마 황제 콘스탄틴은 기독교를 허용했고, 342년에 '여성스러운 옷'을 입은 모습을 다른 남자에게 보인 남자들을 엄벌에 처하라고 명령했다. 390년에 동성애는 불법이 되었고, 교회는 동성애가 '비자연적'이라는 이유로 죄라고 선언했다.

4세기 북아프리카 히포의 주교 아우구스티누스Augustine는 동성애 혐오에 큰 영향을 미쳤다. 어린 시절 남자를 사랑했던 그의 과거가 역설적으로 모든 성적 욕망과 행위, 특히 동성애에 대한 반감으로 나타났다. 아우구스티누스는 남자의 몸이 여자의 몸보다 우월하기 때문에 남자가 자신의 몸을 여자를 위해 사용하는 것은 자신의 몸을 모욕하는 것이라고 믿었다. "소돔 사람들이 그랬던 것처럼 자연을 거스르는 이 불결한 죄가 모든 시대, 모든 곳에서 비난을 받고 처벌되어야 한다." 아우구스티누스의 견해는 이후 기독교 윤리에 지속적으로 영향을 미쳤다.

527년에 유스티니아누스Justinian 황제는 오늘날의 이스탄불인 콘스탄티노플을 통치하기 시작했다. 유스티니아누스 황제는 이교도 지식인의 흔적을 뿌리 뽑기 위해 기원전 347년에 플라톤이 세운 '아테네 아카데미'를 닫았고 로마의 법을 성문화하고 개정했다. 533년에 간통죄를 저지른 자를 처벌하는 오래된 '렉스 줄리오Lex Julio'라는 법률을 개정하여 동성애 행위에 사형을 구형하는 것으로 확장시켰다. 동성애는 신성모독과 함께 기근, 지진, 역병 같은 자연 재해를 초래한다고 비난받았다. 로마의 뒤를 이었고 로마 기독교로 개종한 고딕Gothic 사람들은 더 이상 동성애에 우호적이지 않았다. 650년 서고트 왕국Visigothic Spain의 법은 동성애를 '언제나 저주받아야 할 범죄'라고 간주했다. 동성애 행위는 '증오스러운 윤리적 타락'으로 비난받았다. 적극적이건 소극적이건 상관없이 모든 동성애자는 비난의 대상이었고, 이들을 거세해서 추방하는 법이 명문화되었다.

서고트 왕국의 에기카Egica 왕은 동성애 행위가 늘어나자 이 문제에 조치를 취해 줄 것을 '톨레도 교회위원회Church Council of Toledo'에 요청하였다. 톨레도 교회위원회는 '자연에 반하는 악행을 저지른' 모든 성직자를 거세하고 머리를 깎고 태형에 처한 후 추방하기로 결정하였다.[3]

신앙의 시대, 소도미의 시대

1000년이 시작될 당시 교회는 권력을 교황에 집중시켰다. 이 과정에서 교회는 지난 천 년의 교리와 법을 성문화하였다.

이를 통해 교회는 신앙의 적을 더 명백히 명시할 수 있었다. 이교도와 더불어 자연법에 어긋나는 성행위를 하는 사람들은 색출되어 처형되었다.

십자군에 고무된 교황은 종교적 권위를 영적인 삶에서 국가와 군주에게 확장시키려 하였다. 이를 위해 교회는 윤리적으로 청렴해야 했다. 그러나 많은 신부들이 결혼을 했고 첩이 있었으며 첩 가운데는 소년들도 있었다. 이러한 문제가 빌미가 되어 교회의 윤리적 권위는 약했고, 교권 개입에 반대하는 목소리도 컸다.

교회의 권위를 세우고 나아가 권력을 키우기 위해 종교 개혁자들은 교회의 윤리를 훼손시키는 전형으로 '소도미'에 주목하였다. 열광적인 개혁 옹호자였던 베드로 다미아노Peter Damian 목사는 교황 그레고리오 7세에게 동성애자들을 평생 또는 15년 동안 참회하게 하고, 구타하고, 모욕받게 하고, 굶기거나 쇠사슬에 묶어 감금하는 등, 단호히 처벌할 것을 요청하였다. 개혁자들은 동성애자를 살인 다음 가는 흉악한 범죄로 보았다.

역사학자 번 폰Byrne Fone은 그 당시 교회가, "교리적인 일탈과 성을, 또한 이단과 소도미를 연계시켰다. 모든 종류의 종교적인 비정통, 정치적 혐의자, 무슬림, 유대인, 이교도 등의 이방인들을 소도미를 비롯한 성적 범죄를 지었다는 이유로 계속 고발하였다."고 밝혔다.

소도미로 고발하는 것은 적들에 대한 정치적 무기로 이용되었다. 교회 지도자와 귀족들은 고발된 이들의 땅과 재산을 몰수하여 자신들의 부를 키웠다.

13세기에 증가한 성적 일탈에 대한 혐오는 소돔 사람을 다룬 문학과 끔찍한 그림에 나타났다.

레즈비언에 대한 초기 법적 언급은 1207년 프랑스의 법 '조스티스와 플레의 서Li livres de jostice et de plet'에서 찾아볼 수 있다.

카타르파 사람들이 죽어 간 진짜 이유

13세기 초 교황 인노켄티우스 3세는 죄를 지은 이교도들의 재산을 몰수하고 사형에 처하라고 명했다. 이 칙령은 알비파(또는 카타르파Cathars) 이단을 제거하기 위해 벌인 피비린내 나는 전투를 합리화하였다.

남부 프랑스에서 번창한 카타르파는, 몸은 물질적인 것이므로 악하다고 가르쳤고 예수의 부활을 받아들이지 않았으며 몸의 재생산 행위를 승인하지 않았다. 출산은 지속적인 육체의 오염에 불과하므로 성 관계를 하는 이들은 임신을 피해야만 했다. 대부분의 카타르파가 금욕주의자였지만 일부는 출산과 무관한 성 관계를 했다. 기베르 드 노장Guibert de Nogent은, "남자는 남자와, 여자는 여자와 누웠다고 한다."고 보고했다.

또한 카타르파는 남동 프랑스에서 가장 부유한 땅을 소유하고 있었다. 1208년 교황 인노켄티우스, 노르만족, 시몬 드 몽포르Simon de Montfort는 사람들을 선동하여 카타르파에 대항하는 십자군을 조직했고, 카타르파 수천 명의 목숨을 빼앗았다. 이 전투는 마지막 카타르파들이 몽세귀르의 요새에서 자살하면서 막을 내렸다.

이 법 조항에 따르면 동성애가 처음 적발된 남성은 고환을 잃게 되고, 두 번째는 음경을 잃게 되며, 세 번째는 화형에 처해진다. 여성도 이와 비슷하게 처음 두 번은 성기를 훼손당하고, 세 번째는 화형에 처해졌다.

10세기부터 13세기에 이르는 동안, 실제로 얼마나 많은 사람들이 소도미를 했다는 이유로 처형되었는지는 알려지지 않았다. 그 이유 중의 하나는, "죄가 너무 끔찍해서 이름을 붙일 수 없었기 때문"이며 소도미 죄로 화형 선고를 받은 이들을 재판 기록과 함께 태워 버렸기 때문이다. 따라서 자료가 없다는 것이 처형이 일어나지 않았다는 뜻은 아니다.

동성애자 처형에 관한 기록은 1292년부터 등장한다. 14세기까지 성행한 종교재판은 이단자들을 박멸하였다. 종교재판은 질투와 두려움의 대상이었던 강력하고 부유하며 명석한 십자군 일원인 성당 기사단에 눈을 돌렸다. 1307년 프랑스의 필리프 4세는 하룻밤의 공습으로 이들을 모두 체포하여 신성모독, 이단, 소도미 죄명으로 기소하였다. 잔인한 고문을 이기지 못하고 많은 성당 기사단이 허위 자백을 했지만 이들은 화형대에서 화마에 휩싸이는 순간에 자백을 철회하였다.[4]

동성애자들을 고발했던 '밤 지킴이'

르네상스의 문화적 의미처럼, 르네상스 시대에는 동성애가 번창했다. 그러나 동성애에는 아주 잔인한 억압이 뒤따랐다. 14세기와 15세기 유럽인들은 동성애에 대해 패닉 상태였다.

이탈리아 시에나Sienna의 정책 이사회는 '진정한 평화와 윤리적 선을 위해' 동성애자들을 찾아내 재판대에 세우게 할 '밤 지킴이Officers of the Night'를 설치할 것을 결의했다. 1325년 플로렌스에서는 동성애를 저지른 자는 누구나 거세시킨다는 법이 확정되었다. 자의로 동성애를 한 14세 이하 소년은 발가벗긴 채 도시에서 쫓겨났다.

조사가 비밀리에 진행되었기 때문에 누구라도 아무나 고발할 수 있었고, 자백을 받아 내기 위해 고문을 하였다.

유죄를 선고 받은 이들은 칼을 찬 채 구경거리가 되었고 시민들은 이들을 조롱하고 구타했다. 이 시련에서 살아남으면 다음 단계는 화형을 당하는 것이었다. 동성애자가 성 관계를 한 곳이라고 추정되는 장소는 전부 오염되었다고 간주되었다. 소도미에 대해 언급하는 것조차 고소할 수 있었다. 소도미에 대한 노래를 쓰거나 부르면 벌금이 부과되었다. 어떤 도시에서는 동성애자로 의심되는 이들을 색출하기 위해 학교, 약국, 이발소, 심지어 제과점 등 모든 곳을 뒤졌다. 남자들과 소년들이 사적인 저녁 모임을 갖는 것은 위험하다고 간주되었다. 이러한 조치를 취해도 소도미는 퍼지는 것 같았다. 플로렌스에서 '밤 지킴이' 들은 만5천 명의 남자와 소년들을 심문하여 1432년부터 1502년 사이에 2천 명 이상을 고발하였다.

시에나의 성 베르나르디노St. Bernadino는, "나는 잘 차려입은 소년들이 자신의 소도미 행위를 자랑하면서 돌아다닌다고 들었다. 소년들은 돈을 벌기 위해 소도미를 하며 친구들에게도 이 추악한 죄를 지으라고 부추긴다고 한다."고 썼다. 베르나르디노는 소도미가 역병을 야기하고 동성애자들이 도시에 독을 퍼뜨린다고 주장했다.

영어권 국가에서는 처음으로 1533년 영국에서 동성애 혐오적인 비종교 법이 제정되었다. 헨리 8세는 성문법 조항에 소도미를 포함하는 조례를 통과시켰다. 이 법은 남자 동성애자에게 사형을 구형할 수 있었으나 여자에 대해서는 언급하지 않았다.[5] 1532년에 스페인 출신의 신성로마제국의 황제 카를로스 5세는 성문법에 여자를 포함시켜서 남녀 모두에게 화형을 선고했다. 1574년에 제정된 법에는, "자연에 거스르는 이러한 죄를 저지른 여자는 로쿠스트 거리에 발가벗겨 하루 밤낮으로 묶어 두고 다음 날 도시 밖에서 화형에 처한다."고 기록되어 있다.[6]

스페인의 가톨릭 종교 재판소는 수천 명을 소도미나 수간 혐의로 기소했다. 바르셀로나, 발렌시아, 사라고사, 세 도시 기록에는 1560년부터 1640년 사이에 천6백 명이 유죄판결을 받았다고 쓰여 있다. 세빌리아에는 1567년부터 1616년 사이에 7십 명이 소도미로 화형 당했다는 기록이 있다.

종종 동성애와 무관해 보이는 사건이 있은 후 박해의 물결이 일었다. 예를 들어 세빌리아에서는 1580년 식량 부족, 1585년 논란이 일었던 스페인계 무슬림의 강제 재정착, 1600년의 역병 유행이 있은 후 동성애자로 추정되는 이들을 검거하였다.

동성애에 대해 개신교도 더 이상 동정적인 태도를 보이지 않았다. 1541년 존 칼뱅John Calvin이 엄격한 개신교 신정 정치를 확립한 스위스의 제네바에서 당국은 소도미 재판을 자세히 기록했다. 1555년에 소도미 재판의 수는 유럽 전역에서 증가했다.

동성애로 박해받던 아메리카 원주민

한편 아메리카에 도착한 유럽인들은 원주민들을 정복하고 그들을 유럽 종교와 문화에 종속시키고자 하였고, 여기에는 호모포비아가 포함되었다.

유럽인들은 시간을 낭비하지 않았다. 1513년 10월 스페인의 정복자 바스코 뉴네즈 드 발보아Vasco Nunez de Balboa는 콰렌콰 마을에 살고 있는 파나마 인디언 수백 명을 학살하라고 명령했다. 발보아는 그중 마흔 명이 소도미에 연루되었다고 확신했다.

발보아가 족장의 집에서 "여자의 모습을 하고 온화하고 여성스러운 행동을 하는 젊은 사내"를 만난 이야기가 전해진다. 발보아는 그들을 자신의 개에게 던지라고 명령했다. 1594년에 만들어진 조각에는 벌거벗은 희생자들이 개들에게 물어뜯기면서 땅에서 몸부림치는 모습이 담겨 있다.

이와 유사하게 정복자 에르난 코르테스Hernan Cortez는 자신이 멕시코에서 발견한 위대한 아스텍 문명이 소도미로 가득 차 있다고 믿었다. "우리는 그들이 모두 동성애자들이고, 그 혐오스러운 죄를 짓고 있다고 들었다. 이것은 거의 확실하다."

동성애 역사를 연구하는 라틴아메리카 학자들은 사포텍

Zapotec 족이 동성애에 관용적이었다는 증거를 발견했지만 아스텍 족에서는 발견하지 못했다. 멕시코 작가 막스 메히아Max Mejia 는 아스텍 족이 소도미에 대한 엄한 법을 지니고 있어서 동성애자들을 공개적으로 처형했다고 말한다. 이는 대부분 남자들에게 적용됐겠지만 여자들도 예외는 아니었다.[7] 메히아는, "네짜후알꼬요친Nezahualcoyotzin 왕이 다스렸던 텍스코코Texcoco라는 도시에서 이 수치스러운 죄는 매우 엄격하게 처벌되었다. 죄인은 막대에 묶여 도시의 소년들이 던지는 재를 뒤집어썼다. 죄인은 성기가 제거된 후 재에 묻혔다."고 썼다.

소도미에 대한 처벌은 특히 남자와 남자 옷을 입은 여자에게 가해졌다. 스페인의 수도사 바르톨로메 데 라스 까사스Friar Bartolome de las Casas는, "여장 남자와 남장 여자는 그들이 입은 옷으로 인해 죽임을 당했다."고 적고 있다.

그러나 예외가 있어서 종교 의식에서 이성의 옷을 입는 것은 허용되었다. 영적 지도자들은 성스러운 계율과 신과의 관계 때문에 처벌을 면하였다.

유럽 인들은 다른 지역에서도 소도미를 찾아다녔다. 한 스페인 정복자는 카리브 사람들 중에 "다른 어느 종족보다 더 많은 동성애자들이 있다."고 주장했다.[8]

스페인, 프랑스, 영국 탐험가들은 더 북쪽 지역의 아메리카 원주민 문화에서 이성의 옷을 입는 전통을 발견하였다.(3장 참조) 많은 논평자들이 자신들이 이로쿼이Iroquois 족과 수 족에게서 느낀 혐오감을 표현하였다.

북아메리카에서 청교도 정착자들은 자신들이 세우고자 했던 '신예루살렘'이 '신소돔'이 될까 봐 경악하였다. 이러한 두려움은 단순히 원주민들의 관습 때문이 아니라 그들 내부에 존재하는 소도미 때문이었다.

1629년에 다섯 명의 동성애 소년들이 교수형 처벌을 받기 위해 배를 이용해 영국으로 되돌려 보내진 것으로 보인다. 1636년에 플리머스 식민지는 소도미 범죄를 사형으로 처벌하는 법 조항을 만들었다.

미국의 전도사 사무엘 와이팅Samuel Whiting은, "남자가 남자와, 여자가 여자와 불결한 죄를 저질렀을 때 이들은 파멸을 맞게 된다. 기이한 육욕은 기이한 처벌을 가져올 것이요, 기이한 불이 땅을 태울 것이며, 하늘에서 불이 떨어질 것이다. 불이 소돔의 후손을 파멸시킬 것이다."고 설교했다.

영국의 식민지 대부분에서 사형에 관한 법은 거의 유효했던 것 같다. 뉴잉글랜드에 정착한 청교도는 17세기 중반에 레즈비어니즘을 심각한 범죄로 간주하였으나, 기소했다는 기록은 없다.

동성애자들이 국가 전복 세력이라는 혐의

세계의 반대편 제국 중국에서는 동성애 관용의 시대가 다른 이유에서 막을 내리고 있었다. 1644년에 만주인들은 청 왕조를 세웠다. 만주인들은 유교의 원리를 도입하여 '정명正名'을 강요하였다. 정명은 모든 사람이 자신의 역할을 알고 그에 따라 행동하는 과정을 의미한다. 역사학자 비비언 엔지는, "청 왕조는 정권 초기에 법 조항이 국가의 권위에 관한 강력한 상징이라는 것을 자각했다. 청 왕조는 남성은 좋은 남편, 여성은 좋은 아내가 되어야 한다고 강조했고, 이 역할을 하지 않는 것을 용납하지 않았다. 이렇게 봤을 때 동성애는 정명 원리에 대한 위반이다."라고 썼다. 그러나 동성애는 지속되었고 마침내 1740년에 동성애를 범죄로 규정하는 법이 통과되었다. 재판 기록에 의하면 청 왕조는 여자 동성애보다 남자 동성애에 더 가혹했다. 이는 아마도 가문의 성이 남자를 통해 전해지고 아들을 낳는 것이 가부장적 의무였기 때문으로 생각된다.

이 시기에 유럽에서도 동성애자들은 국가에 위협적인 존재로 간주되었다. 독일의 개신교 신학자 요한 미하엘리스는 동성애가 인구의 감소, 결혼 제도의 약화, 그리고 "국가의 멸망 위기를 초래한다."고 주장하였다.

영국과 네덜란드의 개신교 '사회 개혁자reform societies'들은 게이들이 만나는 장소인, 소위 '남창집molly houses'으로 불리는 곳에서 발견되는 게이 문화의 확대를 강력히 제재하였다. 네덜란드에서는 1730년과 1731년 사이에 육십 명의 남성이 처형되었고, 이들 중 다수가 십대였다. 영국에서 경찰과 스파이가 동성애자들을 함정 수사하는 일은 흔했다. 유럽의 다른 나라들이 혁명 사상의 영향 아래 있었고 프랑스가 1791년에 동성애를 비범죄화한 것에 반해 영국에서는 처형이 증가했다. 제레미 벤담Jeremy Bentham 같은 철학자들이 관용적인 태도를 청원했지만 19세기까지 동성애자 교수형은 증가했다. 1806년부터 1836년까지 육십 명의 남성이 소도미 죄명으로 교수형을 당했다. 영국은 동성애 사형 구형을 1861년, 유럽에서 마지막으로 없앴다.

1861년 제정된 '매콜리 법Macaulay' Law'에서 동성애는 감금형에 해당하였고, 이는 인도를 비롯한 영국의 다른 식민지에도 적용되었다. 인도에 영국 법이 들어오면서 이천 년의 역사를 지닌 전통적인 트랜스젠더 히즈라는 적법성을 상실하게 됐다. 영국인들은 히즈라가 구걸을 하거나 돈을 강탈하는 전통적인 권리를 법적으로 지원하지 않기로 했다. 영국인들은 이를 통해 '비열한 이들의 혐오스러운 관습'이 사라질 것이라 기대했다. 영국인들은 일부 지역에서 거세를 범죄화했는데, 이는 특별히 히즈라를 겨냥한 것이었다.[9]

영국의 동성애 혐오는 독립 투쟁 당시뿐 아니라 그 후에도 식민지에서 지속되었다. 1920년대부터 1940년대까지 유감스럽게도 마하트마 간디가 주도한 캠페인이 있었다. 이는 인도 문화, 특히 힌두 문화 안에서 트랜스젠더와 동성애에 대한 긍정적인 기록들을 모두 삭제하자는 캠페인이었다.

이때 간디는 자신의 지지자들을 보내 11세기부터 힌두 사원에 새겨진 성적인 표현들, 특히 동성애적 표현들을 파기하였다.[10]

작가이자 철학가인 라빈드라나드 타고르Rabindranath Tagore가 이 폭력적 행위를 멈추게 하였다. 그러나 1946년부터 1964년까지 역임한 자와할랄 네루Jawaharlal Nehru 수상은 젠더와 성적 다양성의 역사를 지우려는 캠페인을 지속시켰다. 간디처럼 영국에서 교육받은 네루는 영국이 인도에 동성애를 가져왔다는 메시지를 전달하려고 했던 간디와 뜻을 같이 했다. 네루는 친구 알렌 다니엘루Alain Danielou가 동성애와 트랜스젠더를 묘사한 전통적인 힌두 조각을 담은 사진집을 발간했을 때 매우 당황하였다.

호주와 뉴질랜드에도 영국의 동성애에 대한 태도와 동성애를 금지하는 법이 전해졌고, 호주에서는 법에 의한 금지가 없어진 1972년까지 지속되었다. 비범죄화의 완성은 마지막으로 태즈메이니아Tasmania 주가 법을 바꿀 때까지 25년이 더 걸렸다. 뉴질랜드에서는 1986년에 합법화되었다. 그러나 구금 기간이 가장 긴 국가들은 구 영국 법을 고수하고 있는 아프리카와 아시아에 있는 이전 식민지들이다.(214쪽, '전 세계의 성 소수자 관련법' 참조)

나치의 강제 수용소에서 죽어 간 동성애자들

1914년부터 1918년까지 계속된 세계대전은 특히 젠더 및 섹슈얼리티와 관련한 사회적 태도에 혁명을 가져왔다. 유럽의 여러 국가에서 여성들이 투표권을 얻게 되었고, 프로이트의 정신분석 이론에 영향을 받은 사람들은 성과 섹슈얼리티에 대해 다르게 생각하게 되었다.

특히 독일에서 성과학은 학계의 한 연구 분야가 되었다. 1920년대에 베를린은 이러한 연구의 중심이었다. 이는 마커스 허쉬펠트Marcus Hirschfeld가 세운 '성과학 연구소Institute of Sexology'가 세계적 성 혁명을 이끄는 등대 역할을 했기 때문이다. 또한 베를린에서는 동성애 문화가 번창했다.

하지만 1933년에 히틀러가 권력을 잡으면서 이는 갑작스럽게 끝이 났다. 나치 당은 이미 1928년에 "남자 간 또는 여자 간의 사랑에 관심을 갖는 사람들은 우리의 적이다."라고 단언하며 입장을 분명히 밝혔다.[11]

히틀러가 통치한 첫 해에 동성애자, 이성 복장 착용자, 포주, 그리고 다른 '성적 타락자'들은 강제 수용소에 수용되었다. 몇 명이나 수용되었는지에 대한 추정치는 편차가 매우 크다. 약 만 명에서 오만 명, 심지어 십만 명이 동성애로 기소되어 이들 중 대부분이 수용소로 보내졌다고 말하는 연구자들도 있다.[12)13)]

동성애자들은 감옥 위계에서 거의 언제나 가장 아래에 위치했다. 동성애자들은 모욕을 당했고 특별한 고문을 받았으며 위험한 노역을 해야 했다. 대부분은 살아남지 못했다. 일반적인 정책은 동성애자들이 일을 하다가 죽는 것이었지만, 동성애자들은 의학 실험 대상이기도 했다. 1944년에 동성애를 박멸하기 위한 일련의 실험들이 부헨발트Buchenwald 수용소에서 시작되었다.

연구자 에르빈 하에베를레Erwin J. Haeberle는 나치가 여러 사회에서 해 오던 일반적인 관습들을 지속하고 나아가 강화하여 낙인, 감금, 의학 실험 등을 자행했다고 말한다.

전쟁이 끝난 후 있었던 일은 주목할 만하다. 연구자들은 나치가 동성애자들에게 했던 행위들을 간과하거나 경시했다. 수십 년 동안 이 문제를 다룬 책은 거의 없었다. 모든 주제가 독일에 대한 증오나 동맹 같은 것들이었다. 결국 남자 동성애는 영국, 미국,

동독, 서독, 소비에트 사회주의 공화국 연방에서 여전히 범죄로 취급되었다. 따라서 강제 수용소에 수용된 동성애자들은 부당하게 감금된 것이 아니므로 그들이 당한 고통에 관심을 갖지 않았던 것이다. [14][15] 뿐만 아니라 동성애자들은 다시 투옥되기도 했다. 1960년대 말에 가서야 동독과 서독은 동성애 금지법을 개정했다. 1970년대에 부상한 동성애 권리 운동은 동성애자에 대한 나치 박해를 가시화했다.

1936년부터 1939년까지 지속된 피비린내 나는 스페인 내전 후 프랑코의 파시스트 정부는 전통적인 스페인 가치로 회귀했다. 가족, 가톨릭, 애국심이 독재와 결합되었고 여기에 동성애에 대한 전통적 적대가 가미되었다.

팔랑헤당의 동성애 혐오적 폭력에 희생된 피해자들 중 가장 유명한 이는 시인 페데리코 가르시아 로르카다. 동성애자들은 '추문 유포', '방랑과 악행' 등 다양한 법에 의거해 박해받고 투옥되었다. 동성애자 갱생 센터에서는 전기 충격, 구토제 등의 치료 요법을 썼다. 정권은 게이와 레즈비언을 노골적으로 박해하기보다는 침묵과 부정의 분위기를 조성했다. 프랑코가 죽은 후에야 게이·레즈비언 운동이 등장할 수 있었다. [16]

사회주의 국가의 동성애자

러시아에서는 1905년 혁명과 1917년 2월 혁명 사이에서 잠시 동안 동성애 문화, 문학, 정책이 번성하였지만 1920년대 들어 바로 시들어 버렸다. 레닌과 트로츠키는 결코 동성애자의 인권 개념을 지지하지 않았다. 새로운 소련 정권은 동성애를 치유되어야 할 질병으로 보았다.

1923년 '공공 건강 인민 위원회People's Commisariat of Public Health'는 "모든 의문을 말소해 주는 정확한 과학이 확립되었다. 동성애는 악한 의도에서 비롯된 것이거나 범죄가 아니라 질병이다."라고 공표하였다. 소위 동성애 '권위자'인 마크 세레이스키Mark Sereisky는 동성애를 치료하기 위해 이성애자 남자의 고환을 동성애자 남자의 고환에 이식하는 실험을 했다.[17]

동성애를 다룬 소련 문학은 점점 줄어들었고 1930년에는 거의 사라졌다. 레즈비언과 게이로 알려진 작가나 시인들의 작품은 의도적으로 무시되거나 동성애적 내용은 적당히 얼버무려 해석되었다. 정당의 동성애자들은 정신병원에 입원할 것을 강요받았다. 심지어 위대한 사회주의 영화감독 세르게이 에이젠슈테인Sergei Eisenstein조차 소련 정부의 협박을 받아 거짓 결혼을 해야만 했다.

동성애에 대한 적대감의 증가는 1933년 법에서 극에 달했고, 이 법은 다음 해에 전 소비에트 공화국으로 퍼졌다. 이 법은 남자끼리의 성적 관계를 금지하고 적발 시 5년간의 노역 형을 내렸다. 작가 막심 고리끼는 국영 신문 『프라우다Pravda』와 『이즈베스티야Izvestia』에 이것을, "프롤레타리아 인도주의의 승리"라고 칭하고 동성애의 합법화가 파시즘의 주된 원인이었다고 말했다. 소련 법은 동성애를 단순히 공공 윤리에 반하는 범죄로만 취급한 것이 아니라 절도, 반혁명 활동, 태업, 간첩 활동처럼 국가에 반하는 범죄로 간주하여 동성애자 박해가 공산주의 교리문답의 일부가 되었다. 1936년 공산당 통제위원 판사 니콜라이 릴엔코Nikolai Rylenko는 사회주의 이십 년 이후에는 누구라도 동성애를 할 이유가 없어질 것이며 동성애를 계속하는 자는 '착취당한 계급의 후손'이 틀림없을 것이라고 공언하였다.

실제로 마오이스트 중국 공산당은 동성애에 더 적대적이었다. 1949년 혁명 후 중국 동성애자들은 검거되어 총살되었다. 자매 관계 레즈비언들은 외국으로 망명하였다. 중국 공산당은 동성애가 '존재하지 않는다'고 공식적으로 선언하였다. 후에 동성애는 '난동죄hooliganism'에 관한 법률에 저촉되는 행위로 간주되었다. 아마도 어떤 특정한 법도 공식적으로 존재하지 않는 것에 관여할 수는 없었을 것이다.

국제 반자본주의 좌파 진영을 주도한 스탈린주의와 마오주의 세력이 20세기 전반에 걸쳐 반동성애 편견을 키웠다. 쿠바 혁명 첫 해에 소비에트와 관련된 '사회주의 쿠바 혁명당Sovietlinked United Party of the Socialist Cuban Revolution'은 편견을 더욱 심화시켰다. 카스트로는 동성애가 바티스타Batista 시대의 유물이라고 비난하고 혁명적 청교도주의를 통해 근절해야 한다고 말했다. 제1회 교육 문화 전국 대회National Congress on Education and Culture에서는 '동성애라는 사회적 병리 현상'에 대해 언급하고 "모든 동성애 행위는 엄격히 금지되어야 하고 확산을 막아야 한다."고 결의했다.

1960년대에 동성애자들은 갱생 시설에 감금되었고, 1983년

'사회 부적응자, 난민' 들이 쿠바에서 미국으로 대거 이동한 '마리엘Mariel 사태' 에 동성애자들도 포함되었다. 동성애는 좋게 봐야 제국주의적 자취로 간주되었고 나쁘게는 지독한 사회적 병리로 취급되었다.[18]

"동성애자는 공산주의자만큼 위험하다!"

20세기 중반에 동성애를 질병으로 간주한 미국은 조치를 취하기 시작했다. 제2차 세계대전 동안 미군 부대의 동성애자들은 군대 정신병원에 감금되어 동성애자를 식별하는 새로운 방법을 개발하는 데 이용되었다. 한 병원에서는 천4백 명의 환자를 연구하여 동성애자들은 기구로 혀를 눌렀을 때 '구토 반사' 를 하지 않는다고 보고했다. 그 보고서는, "구토 반사는 군대뿐 아니라 성적 일탈자를 반드시 배제해야 하는 사회적 지위에 지원한 사람들을 가려내는 데 큰 도움이 될 것이다." 라고 결론을 내리고 있다. 군대에서 동성애자를 식별한 것은 제2차 세계대전 후 대규모 식별의 전례가 되었다.[19]

동성애자를 치료한다는 명목하에 강요된 치료법들은 최면술, 전기 충격, 구토제, 수술 등 다양했다. 미국에서 1950년대 자궁 적출술이 시행되기 전까지 레즈비언들은 호르몬 투여와 음핵 절제술을 받아야 했다.[20]

또한 정신의학은 정치적 무기가 되기도 했다. 1949년 『뉴스위크』는, "성도착자들은 정신의학에 의해 자신의 잘못을 깨닫게 될 것이다."라고 주장했다. 1950년부터 1955년 사이에 미국 정부는 공산당 첩자와 공산주의 지지자들을 색출하기 위해 공무원, 군인 등을 조사했다. 이 조사의 의도 중 하나는 정치적 신념과 성적 행동을 연결시키는 것이었는데, 공산주의자라고 의심받은 많은 이들이 동성애 혐의로 기소되었다. 여기에서 정치적 위협이 되는 동성애 개념이 확립되었다. 1950년에 『뉴욕타임즈』는, "성도착자가 최근에 우리 정부에 스며들었다. 이는 실제 공산주의자만큼이나 위험할 것이다."라고 보도했다.

미국 상원위원회는 1950년에, "성적 도착자들은 대부분 감정적으로 불안정하고 윤리 의식이 부족하기 때문에 간첩의 회유나 협박에 넘어가기 쉽다."는 보고서를 냈다.

동성애자들은 매카시의 마녀 재판하에 훨씬 심한 감시를 받았다. 1955년 1월까지 8천 명 이상이 위험인물이라는 이유로 정부 관련 직업에서 해고되었고, 6백 명 이상이 '성적 도착자'로 밝혀졌다.[21] 역설적이게도 1950년대의 공산주의자와 여타 '불온분자'를 뿌리 뽑으려던 재판은 미국에서 동성애 권리 운동이 촉발되는 데 도움을 주었다.

남미의 동성애자들

1970년대부터 1980년대까지 라틴아메리카를 둘러싼 군사 독재의 홍수 속에서 호모포피아가 증가하였다. 칠레에서 레즈비언이나 게이 단체를 세우는 것은 가족을 위협한다는 이유로 법에 의해 테러리즘으로 규정되었다. 브라질에서 군대가 동성애자들을 특별히 표적으로 삼지는 않았지만 문학과 예술 작품에서 통상적으로 드러나는 탄압은 축제 기간을 제외하고 동성애자들이 거리로 나오는 것과 운동을 조직하는 것을 어렵게 했다.

아르헨티나에서 동성애자를 표적으로 삼았다는 것은 매우 명백했다. 1976년 3월 군사 쿠데타 이후 동성애 활동가들은 고문을 받고 살해당하거나 추방되었다. 남은 이들은 활동을 접어야 했고 운동은 해체되었다. 이는 야만적인 독재 기간 동안 지속되었다. 그러나 1982년에 몇몇 단체가 다시 조직을 꾸리기 시작했다. 독재의 막바지에 이르러 있던 정부는 새로운 살인 물결을 일으켜 이 무렵에만 최소한 18명이 사망했다. 1982년 6월에 '코만도 콘도르Comando Condor'라는 준군사 단체가 동성애자들을 박멸하는 것을 목표로 하는 성명서를 발표했다. 후에 실종 조사에 착수하기로 한 '행불방불명자에 관한 국가 최고 위원회Comision Nacional Sober la Desaparicion de Personas'는 공식 보고서에서 이를 언급하지는 않지만, 적어도 4백 명의 레즈비언과 게이가 '사라졌다'고 추정했다.[22]

이슬람 근본주의자의 호모포비아

최근에 국가가 촉진시킨 동성애 혐오의 가장 폭력적인 예들은 종교적 근본주의를 지니고 있는 국가에서 나타나고 있다.

1979년 이란에서 아야톨라 호메이니Ayatollah Khomeini가 권력을 장악한 후 테헤란에서 수백 명의 동성애자가 처형되었다. 무슬림 동성애자 권리 조직 '알 파티하Al Fatiha'에 따르면 근본주의 혁명 이후로 약 4천 명의 레즈비언과 게이가 살해되었다고 한다.[23]

'국제사면위원회'는 2000년에 발행한 보고서에서 사우디아라비아에서 여섯 명의 남자가 동성애 행위를 했다는 이유로 사형되었고, 아프가니스탄에서 적어도 여섯 명의 남자가 1998년과 1999년에 탈레반 법정에서 '소도미'로 기소된 후 각각 대중들 앞에서 압사당했다고 밝히고 있다.[24] 꾸란에는 동성애에 관해 명확히 기록되어 있지 않았으나 동성애는 이슬람 법으로 금지되어 있고, 발각되면 보통 돌에 맞는 처벌을 받는다. 심지어 동성애의 존재를 인정하는 것조차 범죄다. 쿠웨이트에서 여교수는 대학 안에 레즈비어니즘이 존재한다고 기고했다가 교수직에서 해임되었다.

이슬람 근본주의자의 동성애 혐오는 일부 서구에도 존재한다. 영국 런던 중심부에 있는 유명한 리전트 공원 모스크의 성직자 셰이크 샤르카위Sheikh Sharkhawy는 열 살 이상의 게이를 처벌하고 레즈비언을 종신형에 처하는 것을 공개적으로 지지했다.[25]

서구의 지배적인 토착적 호모포비아는 기독교 근본주의의 변형이다. 기독교 근본주의 전도사는 라디오, 텔레비전, 인터넷 등의 대중 매체를 사용하여 자신들의 동성애 혐오를 전파했다. 프레드 펠프스Fred Phelps 목사는 1995년 오클라호마의 연방 정부 청사를 폭파시킨 범인에게 사형이 선고되자 이에 고무되어, "동성애자들도 사형을 받아야 한다."고 공개적으로 발언했다.

캔자스의 종교 조직 '토피카Topeka'는 에이즈로 죽은 사람들의 장례식 근처에서 "동성애는 죽어도 싸다."고 적힌 플래카드를 들고 반동성애 운동을 벌였다. 또 다른 종교 단체인 '스트레이트(STRAIGHT, 비윤리적이고 혐오스러운 모든 동성애 쓰레기를 제거하기 위한 모임)'는 '호모 없는 미국'을 만들기 위해 활동했다.

1998년 와이오밍에서 젊은 학생이었던 매튜 셰퍼드Matthew Shepard가 게이라는 이유로 두 명의 젊은이에게 살해되었을 때 캔자스의 한 장관은 자신의 웹사이트에서 신에게 감사의 뜻을 표했다. 미국에서 여타 범죄들은 1998년에 전년 대비 4퍼센트 감소한 반면, 호모포비아에서 비롯된 폭력은 7퍼센트 증가하는 등 지속적인 증가 추세다. 에이즈에 걸린 사람을 겨냥한 폭력은 주로 백인 가해자에 의해 32퍼센트나 증가하였다. 최근에 미국에서 레즈비언, 게이가 살해되거나 이들이 모이는 장소가 폭파되는 등 호모포비아 범죄가 많았는데 이는 아마도 이런 류의 선전의 영향을 받은 것 같다.[26] '국제사면위원회'는 미국 교도소 내에서 레즈비언과 게이에게 가해진 수많은 신체적 폭력과 성적 폭력에 대해 보고했는데 이는 종종 교도관의 자극이나 공모로 인해 벌어지는 것으로 드러났다.[27]

그러나 호모포비아가 모두 폭력적인 방식으로 나타나는 것은 아니다. 폭력보다 더 미묘한 경우들이 있다. '엑스 게이 운동Ex-Gay Movement' 같은 조직들은 치료나 기도 또는 두 가지 방법 모두를 사용하여 동성애자를 이성애자로 바꾸기 위해 노력했다. 이 조직들은 매우 부유해서 전문 심리치료 팀이 있었다. 이들은 이

경찰들의 호모포비아

2000년 9월 25일에 비번이었던 시카고 경찰 십여 명이 39살의 이성애자 남자 제프리 리욘스가 다른 남자와 포옹하는 것을 보고 그를 기습했다. 리욘스는 코가 부러지고 광대뼈가 부서지고 신경에 손상을 입는 등 심한 부상을 당했다. 한 경찰은, "너희 호모들은 결코 이길 수 없다는 걸 명심해."라고 말하며 조롱했다. 폭행에 연루된 경찰들은 단기 자격 정지를 받았으나 이후 복직되었다.

▶출처—*Crimes of Hate*, Conspiracy of Silence, Amnesty International, 2001.

살해당한 브라질 의원

1993년 3월 14일 저녁, 브라질의 지역 의원 레닐도 호세 도스 산토스Renildo Jose dos Santos는 경쟁 정치인이 그를 양성애자라고 폭로한 뒤 알라고아스에 있는 자신의 집에서 실종되었다. 이틀 후 산토스는 황무지에서 상처를 입고 머리가 없어진 시체로 발견되었다.

▶출처—*Breaking the Silence*, Amnesty International, 1997.

성애 결혼이 동성애에 대한 하나의 해결책이 될 수 있을 것이라 생각했다. 그들은 오랫동안 그다지 성공하지 못했으나 단념하지 않았다. '엑스 게이 운동'은 홍콩, 페루, 브라질 등과 국제 연대를 맺었다.

브라질의 상황은 미국과 일면 유사했다. 어떤 주에서는 진보적인 반차별 법률이 있었고 동성애 문화가 번성했지만 또 많은 거리에서 동성애자에 대한 폭력이 자행되었다. 브라질은 1999년 170명이 사망하는 등 세계에서 성 소수자가 가장 많이 살해되는 곳이다. 하지만 살인자들이 법정에 가는 경우는 매우 드물다. 이 나라에서는 경찰이나 네오 파시스트 갱들이 폭력을 저지르기도 했다.[28]

아프리카의 호모포비아

호모포비아 역사에서 동성애는 반복적으로 '타인'이 들여온 질병, 죄, 범죄, 관습, 문제 등으로 기술되었다. 동성애는 국가의 깨끗함을 오염시키는 것이고, 외부에서 온 것으로 간주되었다. 이러한 생각은 오늘날 다른 어디보다 아프리카 대륙에서 매우 강하다. 남아프리카공화국 사례에서 자극을 받아 세워진 아프리카 동성애자 조직들은 극단적인 호모포비아 반응에 시달렸다.

우간다의 요웨리 무세베니Yoweri Museveni 대통령은 1990년에 법을 개정하여 '비자연적인 욕망'에 대한 처벌을 14년형에서 종신형으로 연장시켰다. 무세베니 대통령은 1994년에 비정상적인 동성애 행위를 국가에 들여오는 이는 누구나 국가가 '총살' 할 것이라고 공표했고, 1999년에는 모든 동성애자가 구속되고 처벌받아야 한다고 다시 한 번 강조했다. 케냐의 다니엘 아랍 모이Daniel Arap Moi 대통령은 "동성애는 아프리카의 규범 및 전통에 위배된다."고 말했고, 잠비아의 프레더릭 칠루바Frederick Chiluba 수상은 "동성애는 타락의 극치다."라고 말했다.

나미비아Namibia에서 '레인보우 연합'이라는 동성애자 단체가 조직되었을 때 샘 누조마Sam Nujoma 대통령은 1996년 12월에 열린 여성 회의에 '우리 사회는 반드시 동성애를 비난하고 거부해야 한다'는 뜻을 전달했다. 2001년에 누조마 대통령은 게이와 레즈비언을 구속하고 추방하라고 명령했다. 한편 내무부 장관 제리 에칸도Jerry Ekando는 동성애자들의 '제거'를 요청했다.[29]

이러한 선언들은 이에 수반되는 폭력 행위와 결합되어 호모포비아가 얼마나 활발하고 일반적이며 그 어느 때보다도 더욱 위협적이라는 사실을 성 소수자들에게 보여 주고 있다.

'국제사면위원회는', "전 세계에서 레즈비언과 게이, 양성애자와 트랜스젠더들은 침실을 단속하고 키스를 범죄화하는 법에 의해 투옥되고 있다. 이들은 '성도착자'라는 고백을 하도록 고문당하고, '치료'한다는 이유로 강간을 당하며 이들을 폐기해야 할 쓰레기로 취급하는 사회에서 암살대에 의해 살해당한다."고 보고했다.[30]

우간다의 동성애자 고문

"그들은 '너에게 뭔가를 보여 주겠다'고 말하고는 내 옷을 벗기고 강간했습니다. 나는 두 명에게 윤간당하고 기절했던 것이 기억납니다."

크리스틴은 동성애자라는 이유로 구속되어 비밀 구치소에서 고문을 받았다. 동성애는 우간다에서 종신형을 받을 수 있는 '범죄'다. 경찰들은 크리스틴의 옷을 벗기고 구타하고 강간하며 위협하였다. 경찰들은 그 후 크리스틴을 세 명의 남자 수형자에게 넘겼고 이들 역시 크리스틴을 강간했다.

1999년에 인권 단체를 조직한 크리스틴과 네 명의 친구는 모든 동성애자는 처벌받아야 한다는 무세베니 대통령의 명령에 따라 구속되었다. 이들은 육체적, 성적으로 고문을 받았고, 2주 후 추방당했다.

▶출처—*Crimes of Hate*, Conspiracy of Silence, Amnesty International, 2001.

동성애 혐오의 역사는 이성애 규범에서 분리된 사람들에 대해 놀랄 만큼 가혹한 적의를 드러낸다.

동성애자들은 죄로 가득 차 있고 해로우며, 범죄자이고, 비정상적이며, 질병을 앓고 있고, 타락했고, 애국심이 없다고 비난받았다. 이들은 역병과 독을 가져오고 가족, 국가, 자연 질서와 인간의 생존을 위협한다고 간주되었다. 에이즈의 창궐로 야기된 동성애에 대한 격렬한 반발은 오래 전부터 역사의 일부로 존재했다.

인간 사회는 모든 종류의 편견으로 가득 차 있다. 그러나 그 범주가 이렇게 포괄적인 편견은 거의 없다. 엘리자베스 영 브루엘 Elisabeth Young-Bruehl은 『편견의 해부*The Anatomy of Prejudices*』에서 성 차별주의, 인종주의, 반유대주의 그리고 호모포비아를 '주된 편견'으로 보았다. 브루엘은 이것들이 강박, 히스테리, 자기애와 조합을 이룬다고 분석했다.[31]

브루엘은 강박적 편견은 상대방을 도처에 있는 적 또는 음모자로 간주하기 때문에 그들을 반드시 제거해야 한다고 생각하게 된다고 설명한다. 히스테리적 편견은 증오하는 사람을 '타자, 열등자, 성적 위협'으로 이해한다. 인종주의는 히스테리적 편견의 좋은 예다. 자기애적 편견에 시달리는 사람은 자신과 다른 사람이 존재한다는 사실을 참지 못한다. 브루엘은 호모포비아만이 이 모든 범주에 들어맞으며 이것이 호모포비아가 지속적으로 팽배하는 이유를 설명하는 데 도움이 될 것이라고 주장한다.

호모포비아의 원인을 설명하는 다른 심리학적 이론들도 적지 않다. 민간에서는 동성애를 가장 혐오하는 사람들은 사실은 자신의 잠재적인 동성애 욕구를 억압하는 이들이라고 말하기도 한다. 이를 뒷받침할 명백한 사례가 있다. 호모포비아는 조밀한 남성 마초 모임에서 강하게 형성되는 경향이 있다. 이런 곳에는 동성애 분위기가 만연해 있지만 정작 동성애는 엄격히 금지된다. 이 남성들은 연대를 위해서 모든 성적 요소들을 부정해야 한다. 결속을 공고히 하기 위해 '호모'를 완전히 이질적이라고 간주하면서 폭력적으로 대한다. 이는 십대 깡패, 경찰, 군인들에게서 발견되는 현상이다.

역사적으로 레즈비언보다는 게이에 대한 호모포비아가 더 많았던 것 같다. 그렇다고 레즈비언의 존재가 인정되었다는 의미는 아니다.

이는 아마도 일반적으로 여성이 드러나지 않았던 역사 및 사회적 지위의 부재와 관련이 있을 것이다. 또한 "남근이 없으면 섹스도 없다."는 표현에서 보이는 성에 대한 남근 중심적 사고와도 관련 있을 것이다. 여성이 레즈비언 행위를 했다는 이유로 처벌받을 때 그 범죄는 종종 남성의 역할과 특권을 지니려는 '사기' 행위로 간주된다. 레즈비언들이 공격을 받거나 감옥에 갇혔을 때 특히 남성들에게 강간을 당하는 경우가 많은 것은 '그들을 제자리로' 돌려놓거나 또는 그들의 섹슈얼리티를 '바꾸기' 위한 폭력이기 때문이다.[32]

사람들은 동성애 혐오의 가장 기본적인 이유로 동성애가 '비

전 세계 성 소수자들이
일반적으로 받는 박해의 형태

▶부당한 구속.

▶특히 미성년자와 성 관계를 했다는 부당하고 근거 없는 혐의.

▶구타, 고문, 강간.

▶직장에서의 박해, 해고.

▶학교를 비롯한 도처에서의 괴롭힘.

▶사생활 침해.

▶구속, 벌금, 태형.

▶사형.

자연적'이라는 점을 꼽는다. 그러나 동성애가 비자연적이라면 오늘날뿐 아니라 인간 역사 전반에 걸쳐 그렇게 많은 사람들이 자연스럽게 동성애를 하게 되었을까? 동성애가 소수의 취향임은 분명하지만 그것은 금욕주의도 마찬가지다.

동성애를 박해하는 이유들은 그 단순함 때문에 설득력을 상실한다. 샌프란시스코의 동성애자를 공격하는 깡패 청년들은 친구들과 함께 공격의 긴장을 즐긴다고 말한다. 그들은 만일 여자나 유색인종들을 공격한다면 동성애자를 공격하는 것을 그만둘 수 있을 것이라고 생각한다. '호모'를 공격하는 이유는 동성애가 사회적으로 승인되지 않았기 때문이 아니다. 아마 그 반대일 것이다. 인터뷰를 한 몇몇 사람은 동성애에 반대하는 특별한 이유가 있기보다는 단순히 쉬운 대상이기 때문이라고 말했다.[33]

이것들은 모두 개인적인 이유로는 매우 그럴듯하지만, 여러 사회와 문화가 성적 다양성에 관한 편견을 갖도록 하는 거대한 원인을 설명하지는 못한다.

다음 장에서는 호모포비아가 대체로 정치와 관련 있다는 사실을 밝히도록 하겠다.

5 성적 통제의 정치

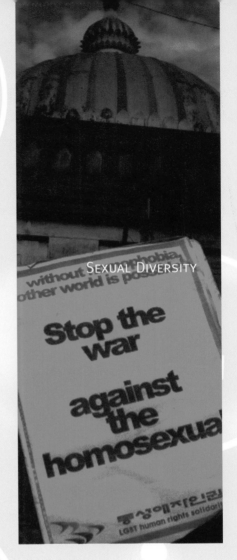

SEXUAL DIVERSITY

성 소수자들에 대한 편견을 확대하고 재생산하는 정
치적 기제는 무엇인가?
성적 다양성을 받아들이지 못하는 사회의 성적 통제
는 어떤 식으로 이루어지는가?
가족을 지켜야 한다는 주장으로 동성애를 억압하는
국가의 속뜻은 무엇인가?

성적 통제의 정치

성적 통제는 정치와 밀접하게 관련되어 있는 거대한 이슈다. 이것은 좌파나 우파라는 특정한 정치적 입장보다는 기존의 권력과 체제를 유지하는 것과 더 밀접하게 관련되어 있다. 근본주의 세력은 여러 가지 젠더 아젠다를 만들어 내는데, 그중에서도 가족의 가치를 지켜야 한다는 논리는 동성애 억압을 합리화시키는 중요한 이유다. 성적 다양성의 인정은 정치적 다원론과 민주주의를 측정할 수 있는 지표가 된다.

영국의 보수적 남작부인 영Young과 짐바브웨의 좌파 대통령 로버트 무가베는 서로 공통점이 별로 없지만 이들이 모두 동성애를 혐오하고, 동성애의 '전파'를 막아야 한다는 입장을 가지고 있다는 점은 같다. 그러나 사회역사학자 제프리 윅스는 동성애는, "특정한 정치적 입장을 가지고 있지 않다. 동성애는 사회적 또는 정치적으로 좌파나 우파에 놓일 수 없다."고 말했다.

울리히스나 카펜터 같은 선구자를 포함하여 동성애자의 평등을 위해 활동하는 대부분의 활동가는 사회주의에 정치적 뿌리를 두고 있다. 그러나 섹슈얼리티에 대한 전통적인 좌파의 기록은 대부분 유감스러운 실정이다. 좌파나 우파 모두 동성애 행위에 반대하는 법률을 제정했고, 성 소수자의 시민권을 부정했으며, 섹슈얼리티를 감시해야 하고 동성애자들을 박해해야 한다고 생각했다. 히틀러가 그랬고 스탈린도 그랬다. 카스트로와 대처도 마찬가지다.

정권이 정치적 성향과 무관하게 성인 시민의 성생활에 이런 식으로 관여하는 이유는 무엇일까? 이를 사회심리적으로 설명하면 사회적 결속이 어느 정도의 '성적 억압' 또는 '금지'에 달려 있기 때문이다. 이런 시각에서 반사회적이라고 간주되는 특정한 형태의 성적 행위는 사회의 질서를 지키기 위해서라도 통제되어야 하는 것이라는 주장이 가능하다. 이는 동성애를 배척하는 사람들의 논리다. 왜냐하면 그들은 동성애가 그들이 정의하는 '가족'을 위협한다고 생각하기 때문이다.

영국 귀족인 영 남작부인은 동성애 합의 연령을 균등화하는 것에 반대하는 캠페인을 이끌었다. 또한 상원을 움직여 학교나 지역 정부의 지원을 받는 지역에서 동성애를 옹호하는 토론을 금지하는 법 조항을 존속시키는 데 성공했다.

가족의 가치

'가족'이라는 이데올로기는 특히 미국과 영국에서 반동성애 조직에 힘을 실어 준다. 반동성애 조직은 '가족 중심Focus on the Family' 또는 '가족 연구소Family Research Institute' 같은 이름을 짓기도 했다. '가족 연구소'의 설립자 폴 카메론Paul Cameron은, "부부의 성은 지겨운 종말로 향하곤 한다. 만일 여러분이 가능한 최대의 성적 만족을 원한다면 동성애는 너무 강력해서 거부할 수 없을 것이다."라고 말하며 자신의 동성애 공격을 합리화하였다.[1]

카메론을 비롯하여 그와 생각이 같은 사람들은 이성애의 미래와 가족이 위험에 처해 있다고 믿었다. 출산을 위한 성 관계가 갑자기 가장 중요해졌고 피임이나 출산과 무관한 성 관계의 장점은 평가절하되었다. 모든 사회적 질병은 이성애적 핵가족을 붕괴시킨다고 비난받았고, 동성애는 사회적 무책임이 가족 제도의 포기로 구체화된 것으로 간주되었다.

이러한 사고는 어떤 형태로든 자신의 가족이 있는 성 소수자들이 납득하기 어려울 것이다. 이들의 가족은 관습적인 모델을 따르지 않지만 이는 많은 이성애 가족도 마찬가지다. 다양한 형태와 규모의 가족이 생기고 있으며 부모가 동성애자인 아이들이 점점 많아지고 있다. 한편에선 동성애가 일부 어른들을 출산의 의무에서 해방시켜 아이를 돌볼 수 있는 어른들이 늘어나기 때문에 실제로는 가족을 강화시킨다는 주장도 제기되었다.

그러나 여기에서 문제가 되는 것은 '가족'이라기보다 권력일 것이고, 그것을 유지하려고 하는 사람일 것이다. 페미니스트들은 엄격한 성별 분업을 지니고 있는 가족 이데올로기가 어떻게 가부장제의 기본 원칙이 되는지를 보여 주었다. 또한 사회주의 페미니스트들은 가족 이데올로기가 자본주의의 기본 원칙이기도 하다고 덧붙였다.

다양한 형태의 가족들

"저는 어머니가 두 분 계시지만 친구들은 그렇지 않아요. 저는 남들과 다르다고 느껴요. 저는 친구들에게 어머니가 두 분 계시다고 잘 말하지 않아요. 하지만 그 사실을 아는 친구들은 좋겠다고 부러워해요. 제가 학교 친구들에게 어머니가 두 분 계시다는 말을 잘 하지 않는 이유는 친구들이 저를 질투할 거 같아서예요. 어머니가 두 분이면 한 분 계신 것보다 더 좋으니까요."

▶출처—Six-year-old interviewed in *Valued Families*, by Lynne Harne and Rights of Women, The Women's Press, 1997.

가족의 가치

1995년 러시아에서 레즈비언인 이레나는 언니들에게 아들의 양육권을 포기하고 동성애를 '고치기' 위해 정신 치료를 받으라는 말을 들었다. 이레나의 어머니는 이레나가 이에 응하지 않는다면 이레나의 성적 취향을 당국에 알리겠다고 협박했다. 이레나의 부모에게 고용된 두 명의 사설탐정은 이레나가 파트너와 성 관계를 하는 비디오를 가지고 있다는 협박 메일을 보냈다. 이레나와 파트너가 경찰에 신고했지만 경찰관은 이들을 성희롱 할 뿐이었다. 사설탐정들은 이레나를 납치해서 강간했지만 이레나는 과거의 경험 때문에 강간당했다는 사실을 경찰에 신고하지 않았다. 이레나는 미국에 망명을 신청했고 조국을 떠났다.

▶출처—*Crimes of Hate*, Conspiracy of Silence, Amnesty International, 2001.

'가족' 이데올로기가 어떻게 정치적으로 사용되었고 어떤 효과를 발휘했는지는 매우 명백하다. 1950년대 북아메리카와 유럽에서 전후 가부장제는 경제적으로 독립한 일하는 여성을 주부로 바꾸었고 전쟁 전에 등장한 레즈비언과 게이를 억압했다. 가족이 가장 중시되었고 가족 안에서 여성의 역할은 어머니, 주부, 아내로서 남성 생계 부양자를 지원하는 것이었다.[2]

1980년대 핵무기 경쟁 시대에 서구의 로널드 레이건과 마가렛 대처의 주재하에 '가족의 가치'가 다시 찬양되고 동성애 혐오가 이데올로기적인 무기로 동원되었다. 핵무기의 개발로 상호 파멸이 자명해지고 에이즈가 등장한 당시는 윤리적 패닉과 불안정의 시대였다. 이러한 시대 상황에서 가족은 전통적 가치와 국가 안보의 안전한 은둔지였고, 동성애는 그런 가족에 대한 위협이었다.

오늘날 여전히 많은 사람들이 캐나다의 사회학자 베리 아담 Barry Adam이 말한 대로, "무자비한 세상의 안식처"인 가족을 동성애가 위협하고 해체시킨다고 생각한다. 그러나 아담이 또 다른 국면으로 지적한 것처럼 많은 성 소수자들이 가족을 싫어하고 '자신들의 안식처'를 만들기 위해 가족을 떠나기도 한다. 가족에게 학대와 억압을 받고 가족에게 만족하지 못하는 것이 성 소수자들의 현실이다.[3]

많은 사람들에게 전통적인 이성애 가족과 그 가치는 실로 매우 싫을 수 있다. 활동가 아이린 리온Irene Leon은 에콰도르 반차별법의 가장 중요한 성과 중 하나가 어머니가 레즈비언이라는 이유로 아기를 뺏으려는 사람이 있을 때 어머니가 자신의 법적 권리를

주장할 수 있다는 점이라고 말한다.[4]

미디어가 강요하는 이미지들

이성애 가족은 자본주의의 기본 원칙이다. 오늘날 자본주의는
전 지구화된 소비로 인해 변화하였다. 인류학자 에블린 블랙우드
Evelyn Blackwood는 당대 인도네시아 연구를 통해 국가가 피할 수
없는 글로벌 시장으로 진입할수록 특정한 형태의 이성애가 유입
된다는 사실을 발견했다. 블랙우드는, "이성애 결혼과 가족에 대
한 강조는 이성애가 국가, 미디어, 다국적기업에 의해 국가적 차
원에서 적극적으로 선전된다는 사실을 보여 준다."고 말한다. 특
히 여성이 표적이 된다. "텔레비전과 잡지는 상냥하고 아름다운
가정주부의 이미지로 가득 차 있다. 광고는 유행하는 옷, 피부 관
리, 건강관리 상품들이 성공한 여성으로 만들어 준다는 메시지를
보낸다." 에이번Avon, 레블론Revlon, 폰즈Pond's가 이와 관련된 주
도적인 회사들이다. 여성의 자율성은 장려되지 않는다.

"텔레비전 드라마의 여성 인물들은 매우 가정적이고 비이성적
이며, 감정적이어서 자신의 문제를 해결하지 못하는 의존적인
캐릭터로 그려진다. 여성들에게 이성과 결혼하고 여성스러워
지는 것은 자연스러우며 종교적인 의무라는 메시지를 준다. 과
도한 여성성과 모성의 강조는 제한적인 젠더 범주를 강화시킨
다."[5]

따라서 매우 제한적이고 남성 중심적인 여성상에 들어맞지 않

는 많은 여성들이 자신을 여성으로 인식하지 않는 것은 그리 놀랍지 않을 것이다. 이 여성들은 톰보이처럼 남성의 옷을 입고 남성스러운 이름과 정체성을 수용하고 여자 애인을 사귄다.

젠더 관리

동성애 혐오에 대한 가장 흔한 이데올로기적 표현 중 하나가 '가족'에 대한 위협이지만 진정한 이유는 아마도 훨씬 뿌리 깊을 것이다. 이것은 젠더와 관련되어 있다.

이성애 규범에서 일탈하는 것은 사람의 성, 성적 선호, 사회의 일반적인 성별 역할을 관장하는 전통 규율에 도전하는 것으로 보이기 때문에 위협적이다.

동성애 정체성을 갖는 것이 성별 역할의 외연적 자연스러움에 도전하는 것은 분명하다. 여자들이 상호 간에 감정적·성적으로 만족감을 느낀다는 것은 많은 이성애자 남자들에게 명백한 위협이다. 일부 레즈비언 페미니스트들은 레즈비어니즘이 남성 억압에 대한 합리적인 반응이라는 입장을 취하고 있는데, 이것은 동성애가 전통적 성 역할을 침해한다는 보수적 두려움을 강화시킨다. 그리고 남성들 간의 관계 역시 종교와 국가에 의해 승인된 것과는 다른 감정의 삶, 성적 삶을 살 수 있는 방법이 있다는 것을 암시한다.

국가와 종교, 그리고 양자 간의 결합에 의한 승인은 오늘날 점점 더 명백해지고 있다. 미국에서 동성애를 불법으로 규정한 20

개의 주가 대부분 소위 성서 지대 안에 있
다는 사실은 우연이 아니다. 또한 동성
애를 공격하는 정치가가 자신들의 편견
때문에 종교를 박해하는 것도 우연이 아
니다.

●성서 지대─바이블 벨트
Bible Belt를 말한다. 전통적으
로 근본주의 기독교 신자가
많은 미국 남부를 가리키는
말이다. 옮긴이

국가와 종교의 결합은 이슬람 근본주
의자의 영향을 받는 국가들에서 가장 명백히 드러난다. 동성애
행위에 사형을 구형하는 여섯 국가는 이슬람 관습이나 샤리아 법
에 의거하고 있다. 전 세계 무슬림 국가 중 대부분인 26개 국가가
현재 동성애를 금지하고 있다. ▪

'무슬림 법 아래 살고 있는 여성들의 모임Women Living Under
Muslim Laws Network'의 아니사 헬리Anissa Helie는 근본주의자들
을 어떤 종교의 '근본'으로 돌아가자는 것이 아니라 "전통과 문
화에 기반한 정체성과 종교 및 종교적 믿음을 조작하여 정치적

■ 깊이 읽기

동성애자들의 권리

게이와 레즈비언의 결사 및 표현의 자유는 선전 금지 법률, 검열, 다른 차
별적인 금지와 관행에 의거해 제지당하고 있다. 이것은 지금도 영국, 루마
니아, 쿠웨이트, 레바논에서 지속되고 있다. 옮긴이

▶출처─International Lesbian and Gay Association(ILGA), Brussels 2000.

권력을 획득하거나 유지하려고 하는 극단적 우파 세력"이라고 보았다.[6]헬리는 근본주의자들이 동성애자에게 가하는 모욕과 독신이거나 혼자 사는 등의 '적절한 행동'을 하지 않는 여성에게 하는 행위 사이에 강한 연관성이 있다는 사실을 지적한다.

극단적 종교 지도자와 그 추종자들은 가장 먼저 성 소수자들과 여성들을 겨냥한다. 헬리는 "동성애자와 페미니스트, '다른' 여성에 대한 억압을 정당화하는 논리는 완전히 동일하다. 이들은 모두 비무슬림, 외부인이라고 비난받는다. 폭력이 합법화되는 것은 언제나 종교적·국가적·문화적 정체성의 조작을 통해서다."라고 말한다.

종교 지도자들과 정치 지도자들은 경제적 위기나 정치적 논쟁에서 관심을 전환시키기 위한 수단으로 성 소수자들을 악마로 취급한다. 동성애와 트랜스젠더에 대한 적대감은 지역 정치가 근본주의 세력에게 영향을 많이 받는 곳에서 증가한다.

헬리는 알제리의 이슬람 근본주의자의 첫 번째 희생자 중 한 명으로 1980년대 초반에 암살된 게이 시인 장 세나크Jean Senac의 사례를 꺼냈다. 또한 1989년 알제리에서 결혼하지 않고 아이들과 함께 알제리 남부 우아르글라에서 살다가 돌에 맞아 죽은 움 알리Oum Ali의 얘기도 했다. 움 알리의 집은 불에 탔으며 막내아들도 살해당했다.

모든 근본주의 세력이 섹슈얼리티와 젠더의 일치에 그토록 주목하는 이유는 개인들의 선택이 너무나 도전적이기 때문이다. 특히 여성의 자율성은 권위주위적이고 가부장적으로 움직이는 사회에 대한 위협이 된다.

절대주의 대 다원주의

제프리 윅스는 동성애 자체는 이미 확립된 사회적 질서나 정권에 진정한 위협이 되지 않는다고 주장했다. 결과적으로 다양한 극단적 우익 정권은 일종의 은밀한 동성애를 수용한다. 진정한 위협은 성 소수자의 행위가 대안적인 삶의 방식의 일부가 되었을 때 발생한다. 윅스는, "사람들이 성적 다원주의를 인정하면 사회적·정치적 다원주의도 암암리에 인정하는 것이다. 또한 사람들이 자신의 레즈비언 또는 게이 정체성을 주장하고, 자신들의 성적 선호와 관련된 사회적 운동 및 공동체에 대한 소속감을 주장할 때 그들은 정치적 행위를 하고 있는 것이다. 이렇게 되면 동성애는 개인적 취향 또는 사적 선택 이상의 것을 넘어 모든 종류의 절대적 가치에 대한 도전이 된다. 절대주의 정권들은 이를 싫어한다."고 말했다.[7]

'절대주의 정권'은 정부일 수도 있고 또는 사회 안의 절대적인 경향일 수도 있다. 미국에서 반동성애 감정이 급격히 고조되고 있는 이유 중 하나는 동성애 운동의 성공으로 성적 소수자들이 정치적·사회적 공간을 형성하고 있기 때문이다. 식별 가능하고 '밖으로 나온' 동성애자 공동체들이 존재한다. 근본주의자들과 정치적 우파들은 동성애자들이 살아가는 방식을 가족과 종교에 기반한 자신들의 가치 체계에 대한 도전이라고 생각한다. 따라서 성 소수자들을 제자리, 곧 이성애적 공간 안으로 데려와야만 한다. 그들은 이것이 더 큰 사회적 선과 가족을 위한 유일한 해결책이라고 주장한다.

전 세계적으로 우리는 다양성과 평등에 반대하는 조직들이 형성되는 것을 목격한다. 다양한 정치적 배경과 신념을 지닌 극단적 지도자들과 절대주의 성향이 결부되어 함께 성적 권리를 억압하고 있다. 근본주의자들은 단합하여 국제적 아젠다에 영향을 미칠 수 있다. 이러한 동맹의 영향력을 1994년 '인구와 발전에 관한 카이로 회의Cairo Conference on Population and Development'에서 결의된 여성의 출산권에 관한 합의 사항에서 확인할 수 있다.(여성이 선택할 수 있는 조건을 보장하기 위해 성과 재생산의 권리가 개인의 권리를 넘어서야 한다는 합의 내용을 지칭한다. 옮긴이 ▶출처─존 베일리스, 『세계정치론』 참고)

새로운 정당과 새로운 다양성

그러나 반대되는 영향들도 있었다. 1980년대 세계 곳곳에서 독재 정권이 붕괴하자 성적 다양성의 정치적 공간과 문화적 공간이 생겨났다. 기존의 소비에트연방은 새로운 민주주의를 만들어 냈다. 비록 편견이 여전히 강하지만 구소련의 반동성애 법을 대부분 폐기하였다.

라틴아메리카의 여러 국가들도 피비린내 나던 군부 독재 시대에 작별을 고하고 새로운 정치 정당의 출현을 환영했다. 새 좌파 정당은 공산주의나 사회주의 선배들보다 동성애자 인권에 훨씬 더 우호적이었다. 니카라과의 산디니스타는 반자본주의 정치와 섹슈얼리티에 대한 더 진보적인 태도가 결합될 수 있음을 보여주었고, 새 좌파 정당들은 이 가르침을 따랐다.

브라질 노동당Partido Tranbalhadores의 여성 국회의원 마르타 수플리시Marta Suplicy는 동성 커플의 동반자 관계를 보장하라는 캠페인을 이끌었다. 1980년대 초반 이래 투쟁적인 레즈비언과 게이 활동가들은 모든 종류의 평등을 위한 캠페인을 하기 위해 노동당과 함께 열심히 활동했다. 브라질 헌법을 수정하는 데는 실패했지만 반차별법은 세르지피Sergipe 및 마뚜 구로소Mato Grosso 두 개 주와 칠십 개 이상의 지방 자치제에서 통과되었다.[8] 성 소수자 후보들은 선거에서 어느 정도의 성공을 거두었다. 지역에서 해결사로 유명한 이성 복장 착용자인 카치아 타페티Katia Tapeti는 피아우이Piaui 라는 불모의 지역에서 당선되었다.[9]

아르헨티나에서는 '트랜스 섹슈얼의 권력과 정체성을 위한 모임Transsexuals for Rights and Identity'으로 불리는 첫 번째 트랜스젠더 단체가 1991년에 결성되어 시위를 했으며 이는 1992년에 첫 번째 '레즈비언 · 게이 자부심 행진'으로 이어졌다. 단체 결성과 정치적 캠페인은 부에노스아이레스에서 1996년에 지방 자치가 실현된 후 성적 취향에 근거한 차별이 금지된 것으로 결실을 맺었다.[10]

쿠바 정권조차 레즈비언과 게이 공동체의 가시화 등에 더 관용적인 태도를 보이고 있다. 1999년에 레즈비언 여성 센터의 개관

레즈비언 사파티스타

빠뜨리아 히메네스Patria Jimenez는 멕시코의 가톨릭, 보수, 남성 지배 사회에서 눈에 띄었다. 단지 그녀가 여성이자 페미니스트이며 사파티스타여서가 아니라 라틴아메리카의 첫 번째 공식적인 동성애자 연방국회의원(MP)이었기 때문이다. 히메네스는 1997년에 중앙 좌파 민주혁명당Democratic Revolutionary Party의 당원으로 선출되었다.

"나는 특히 게이와 레즈비언 억압 이슈에 관한 캠페인을 전개하였다. 십여 개의 도시에서 공개 모임을 열었고 멕시코의 게이 바, 모임 장소 등을 다니며 내가 후보로 나왔음을 알리고 논쟁을 벌였다."

히메네스는 치아빠스에 근거한 사파티스타 운동 안에서 동성애 이슈를 공개적으로 논의할 수 있었다고 말했다.

히메네스는 다른 정치적 입장을 함께 엮는 것이 필요하다고 생각했다. 1998년 티후아나Tijuana에서 열린 동성애자 자부심 행진에서 히메네스는, "이 행진은 (…) 또한 동성애 혐오, 여성 혐오, 대량 학살 정부에 대한 저항이다. (…) 우리 모두가 자유로워질 때까지 아무도 자유롭지 못할 것이다."라고 연설했다.[*]

---

* *New Internationalist*, October 2000.

기념 행사에 천2백여 명이 참석하였다. 레즈비언 여성 센터의 루피아 카스트로Lupia Castro는, "여러분의 주장을 맑시스트 학설 안에서 구성한다면 여러분들은 무슨 일이든 해낼 수 있습니다."고 말했다.[11]

영국에서 1997년에 18년 동안 집권해 온 보수당을 제치고 정권을 잡은 노동당은 동성애자의 성 관계 동의 연령을 이성애자와 같게 하는 등의 다양한 변화를 도입하고 동성애자 권리에 대한 전통적 무관심과 적대감에서 벗어났다. 그러나 영 남작부인이 존속 캠페인을 벌였던 법 조항을 없애는 데는 지금까지 실패했다.

여러 국가의 환경당과 녹색당은 처음부터 평등과 반차별 정책을 도입했다. 또한 전 세계적으로 모든 종류의 다양성을 추구하는 연합들이 결성되고 있다. 이 연합들은 캐나다의 퀘벡 분리주의자, 스페인의 바스크 분리주의자 등 다른 소수자들과 함께 하기도 한다. 캐나다와 미국 등에서 진보적인 노동조직도 동맹을 맺고 있다. 이 동맹들은 성적 취향을 보호하는 데 중요한 역할을 하고 있다.[12]

에콰도르와 남아프리카공화국의 여러 사례가 보여 주는 것처럼 다른 인권 단체와 민주주의 단체들의 결합은 정치적으로 매우 유효하며 이러한 운동들에도 변화를 가져올 수 있다. 제프리 웍스의 말대로, "성적 소수자의 권리를 보장하는 것은 정의로운 사회의 시금석이다. 이는 사회적 · 문화적 · 성적 다양성이 증가하고 있는 세계에서 (…) 다원주의와 민주주의에 대한 헌신을 (…) 측정할 수 있는 중요 요소다."[13]

6

종교와 동성애자

불교
힌두교
이슬람교
유대교
기독교
인권 문제

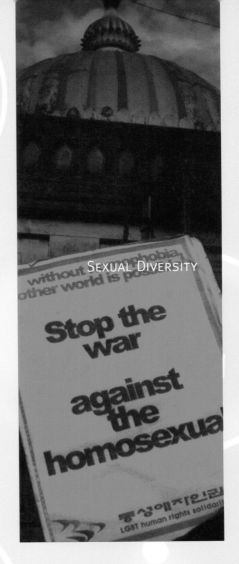

SEXUAL DIVERSITY

세계의 주요 5대 종교는 동성애에 대해 어떤 입장
을 취하고 있을까?
성적 다양성을 지닌 이들에 대한 종교적인 혐오의
뿌리는 어디에 있으며 그 배타성은 어떤 식으로 남
아 있는가?
그런 흐름을 다시 해석하려는 성 소수자들의 노력
은 어디까지 와 있을까?

종교와 동성애자

이 장에서는 세계의 5대 종교가 성적 다양성에 대해 어떠한 견해를 지니고 있었는지를 밝힌다. 동성애자나 트랜스젠더에 대한 각 종교의 태도는 그 사회뿐 아니라 당사자의 인식에도 큰 영향을 미친다. 성적 다양성에 대한 각 종교의 인식은 시대에 따라 변하기도 했지만, 모든 종교에 배타적 태도가 존재한다는 것은 공통적이다. 오늘날에는 성 소수자에 대한 종교의 혐오를 다시 해석하려는 시도들이 등장하고 있다.

보이 조지Boy Georgy는 자신이 커밍아웃한 앨범 '값어치없음 그리고 아름다움Cheapness and Beauty'에서, "나는 수치심을 느낄 필요가 없다.I don't have to feel no shame. 나는 신의 형상으로 만들어졌다.in God's image I am made."고 노래했다. 성 소수자를 억압하기 위해 종교를 끌어들인 사람들로부터 온건하게, 어쩌면 모순적으로 종교를 되찾으려고 했던 것이다. 세계의 5대 종교인 불교, 힌두교, 이슬람교, 유대교, 기독교가 동성애 욕망과 트랜스젠더에 대해 실제로 뭐라고 말하고 있을까?

불교

비록 문화와 역사적 시기에 따라 다양한 태도를 보이기는 했지만 세계의 주요 종교인 불교는 성적 다양성과 다양한 젠더에 가장 긍정적인 태도를 지닌 것으로 보인다.

인도에 기원을 둔 초기 불교의 자타카 설화는 부처와 부처의 제자 아난다 두 사람이 서로 사랑했던 관계를 축복하는 등, 동성 간의 친밀함에 일반적으로 우호적이다. 한 설화에서 부처와 아난다는, "언제나 함께 산책하고, 사색하고, 붙어 있고, 머리와 코와 뿔을 맞대고 있는 매우 행복한" 두 마리의 사슴으로 묘사된다. 다른 설화에서는 브라만 계급인 이들은 함께 있기 위하여 결혼을 거부한 것으로 전해진다.

그러나 3세기와 5세기 사이에 인도 불교는 동성 간의 친밀성과 트랜스젠더 행위를 비난했다. 판다카스pandakas로 불리는 '제3의 성'인 트랜스젠더 게이가 가장 큰 혐오의 대상이었다. 이들은 승려가 될 수 없었고, 이미 수도원에서 살고 있었다 해도 발견되면 추방되었다. 다른 게이 승려들도 추방되었다.

레즈비언이었던 한 인도 비구니는 처벌은 받았지만 추방되지는 않았던 것으로 보인다. 레즈비언과 트랜스젠더 행위에 관련된 중국 비구니들의 설화를 볼 때 중국의 불교는 훨씬 관용적이었다. 16세기와 19세기 사이에 한 비구니가 '열 자매의 모임Ten Sisters Society'을 만들었다. 이 모임은 이성애 결혼에 저항하고 열정적인 우정과 레즈비언 친밀성을 지니며 동성 결합의 의식을 치르는 곳이었다. 이 모임은 '금빛 난초 연합' 같은 이후 모임의 원형이 되었다.

　일본에서 동성애는 불교와 훨씬 긴밀한 관계를 지녔다. 794년부터 1185년에 이르는 헤이안 시대를 거치면서 당나라에서 돌아온 승려들이 동성애 행위를 '소개'한 것으로 전해진다.(806년) 물론 동성애 행위는 그전부터 존재했겠지만 말이다. 헤이안 시대 말기까지 동성애는 귀족 사이에서 유행했다. 이는 아마도 귀족과 불교 성직자의 교류가 증가했기 때문으로 보인다.

　불교 성직자가 사랑하는 사람에 대한 자신의 애정과 욕망을 표현하는 수위는 다음 4세기 동안 더 강해졌다. 16세기 중반에 프란치스코 사베리오Francis Xavier 신부가 기독교 전파를 목적으로 일본에 도착했을 때 사베리오 신부는 매우 많은 승려들이 동성애 관계를 하고 있다는 사실에 충격을 받았다. 사베리오 신부는 동성애를 '일본의 악'이라고 지칭하기 시작했다.

　사베리오 신부는 일본에서 '소도미 죄'를 없애는 것을 자신의 의무라고 결심했다. 사베리오 신부는, "우리는 승려들에게 그런 수치스러운 죄를 지어서는 안 된다고 자주 이야기했다. 그러나 승려들이 이 죄를 지을 때 어떤 수치감도 느끼지 않았기 때문에 우리가 얘기하는 모든 것들은 웃음거리가 되었다."라고 썼다. 사베리오 신부는 성공하지 못한 것으로 보인다. 한 보고에 의하면 사베리오 신부와 선교사들은 야마구치 거리를 지나다가 젊은 깡패들이 던진 돌에 맞았다. 젊은이들은, "당신들이 동성애를 금지한 이들이지!" 하고 소리를 질렀다고 한다.

사베리오 신부와 동료들이 후쿠오카의 소후쿠지 젠슈 수도원을 방문했을 때도 그랬다. 승려들은 처음에 따뜻이 맞이했지만, 사베리오 신부가 동성애의 악에 대해 설명하기 시작하자 몇몇 승려들은 웃기 시작했고 다른 승려들은 사베리오 신부에게 수도원을 나가 달라고 말했다.

티베트 불교의 네 개 종파 중 겔룩Gelug파는 동성애와 연관되어 있다. 승려들에게 이성애 관계를 금지하는 규율이 동성애 관계를 조장하는 것 같았다. 하인리히 하라Heinrich Harrar와 샤퍼E. Schafer 같은 수많은 학자들이 티베트의 겔룩 수도원에서 동성애 관계가 매우 흔했다고 보고하고 있다. 그러나 티베트 불교 내의 레즈비어니즘, 양성애, 트랜스젠더에 관한 기록은 거의 없다.

근래에 서구의 성 소수자에게 불교가 미친 영향은 상당했다. 많은 불교 레즈비언·게이 단체가 결성되었고 이 중에는 로스앤젤레스의 '불교 에이치아이브이/에이즈 SODS 프로젝트' 도 포함된다. 작가 가빈 해리슨Gavin Harrison은 부처의 교리 논쟁을 조명하기 위해 부처의 삶과 자신의 게이 정체성 및 에이치아이브이 양성 상황을 연결시켰다. 특히 고통은 있는 그대로의 삶을 받아들이지 못하는 데서 비롯된다는 부처의 가르침을 부각시켰다.[1)]

●SODS 프로젝트―항산화효소의 일종인 슈퍼옥사이드 과산소디스뮤타아제 (Superoxide Dismutases)의 줄임말이다. SODS 프로젝트는 대체의학계에서 암이나 에이치아이브이/에이즈에 효과가 있을 것이라 기대하는 산소 요법의 일종이다.

오늘날 힌두교는 동성애에 매우 적대적이다. 쉬브 세나Shiv Sena 같은 힌두 근본주의자들은 동성애가 서구에서 유입된 비힌두, 비인도적인 것으로 인도의 역사, 종교, 전통 안에 동성애는 존재하지 않았다고 주장한다.

그러나 사다쉬브 아마바다스 드나지Sadashiv Amabadas Dnage, 알랭 다니엘루Alain Danielou, 기타 싸다나Gita Thadana 같은 연구자들은 힌두교와 여타 종교 안의 동성애와 트랜스젠더 이슈를 연구했다.

싸다나는 힌두교 이전에 여신을 숭배하고 성적 다양성을 수용했던 인도의 인더스 밸리 문명이 어떻게 훨씬 더 가부장적인 힌두교에 의해 대체되었는지를 보여 준다. 카마Kama, 크리슈나 Krishna, 바산타Vasanta 같은 관능적인 여신과 아르다나리시바라 Ardhanarishvara 같은 트랜스젠더 또는 양성구유 신에 대한 경외 같은 자취들이 많이 남아 있다. 아르다나리시바라는 종종 근원적인 신성한 양성구유자로 간주된다.

다니엘루는 동성애, 자웅동체, 이성 복장 착용자가 아르다나리시바라의 '이미지'처럼 신성한 존재로 간주될 수 있다고 말한다.[2] 작가 미나 꾸마르Mina Kumar는 동성애와 관련된 후기 베딕 산스크리트어 문학을 연구했다. 꾸마르는 이 문헌들에서 레즈비어니즘이 불법이고 부도덕하며 질병으로 그려지고 있다는 사실을 발견했다.

일부 문헌들에서는 발기부전, 동성애, 트랜스베스티즘, 거세된 남자를 모두 묶어 '클리바kliba' 라는 단어로 지칭하고 있다.

꾸마르는 남성 동성애는 출산을 하지 않기 때문에 관습에 어긋나는 것으로 간주되는 반면, '더 직접적으로 일반적인 전통에 기반한 문화적 흐름에서는 레즈비언에게 더 긍정적인 이미지' 를 지니고 있다는 사실을 발견했다.

• **트랜스베스티즘**—이성의 옷을 입는 데서 성적 만족이나 흥분을 얻는 성향을 '트랜스베스티즘transvestism' 이라고 한다. 흔히 '복장 도착' 으로 번역한다. 타고난 성을 전환하고 싶어 하는 트랜스섹슈얼과는 달리 자신의 성별에 저항하지 않고 이성이 되고자 하지도 않는다. 동성과 성 관계를 갖고 싶어 하는 것도 아니며, 단지 여자 옷 입기를 즐기는 사람일 뿐이다. ▶출처—성 소수자 사전

예를 들어 탄트라Tantric 전통은 여성의 섹슈얼리티를 중히 여기고 '레즈비어니즘에 종교적으로 신성한 역할' 을 부여했다. 여성의 성기는 모든 행복의 유일한 장소로 간주되었다. 부바네스와르Bhubaneshwar의 조각은 여성의 성기(mons veneris, 비너스의 언덕)가 자신의 신성을 나타내는 자세로 오른손을 올리고 서 있는 모습을, 한 여성이 무릎 꿇고 바라보는 장면을 형상화하고 있다.[3]

트랜스젠더 히즈라 또는 거세된 남자는 자신이 어머니 신 바후짜라 마따Bahuchara Mata를 모시는 힌두교의 분리 종파에 속해 있다고 생각했다. 당대 히즈라들은 인도 서정시 마하바라다의 영웅 중 한 명인 아르주나Arjuna 시인을 자신들의 신비한 선조 중 한 명이라고 주장했다. 맹렬한 전사였던 아르주나는 일 년 동안 하렘에 살면서 '제3의 성' 처럼 옷을 입고 여자들에게 노래와 춤을 가르

쳤다.

아르주나는 "땅의 신이여, 저는 제가 중성임을 밝힙니다. 제왕이여, 저의 팔에 새겨진 활시위 자국을 감추기가 정말로 어렵습니다. 그러나 저는 팔찌로 저의 양 팔을 가리겠습니다. 귀에 반짝이는 고리를 걸고, 손목에 팔찌를 차고, 머리를 땋아 내릴 것입니다. 왕이여, 저의 모습은 제3의 성처럼 보일 것입니다. 이름은 브리하날라Vrihannala입니다." 라고 말했다.

인도 아대륙에는 다수의 성 소수자들이 존재한다. 이들 중 일부는 전통적인 인도 개념 및 문화와 관련된 이름을 사용한다.

이슬람교

동성애에 대한 무슬림의 적대감은 소돔 설화에 뿌리를 두고 있다. 일반적으로 동성애, 특히 항문 성교는 '리왓liwat' 이라고 불린다. 이러한 행위를 하는 남자들은 '쾀 룻qaum Lut' 또는 '루티Luti', 즉 '롯Lot의 사람들(소돔 사람들)' 이라고 불린다. 선지자 마호메트가 "소돔 사람들이 했던 행위를 하는 이들은 신에게 저주받을 것이다. 어떤 남자도 다른 남자의 은밀한 부분을 봐서는 안 되고, 어떤 여자도 다른 여자의 은밀한 부분을 봐선 안 된다." 고 말했다고 전해진다.[4]

파키스탄의 극우 정치 종교 당인 이슬람 당의 자맛떼 이슬라미Jamaate Islami는, "꾸란은 동성애가 부정하고, 비자연적이며, 범죄이고, 무지하며, 타락한 것이라고 분명히 언급하고 있다." 고 단언했다.

그러나 모든 무슬림이 이렇게 생각한 것은 아니다. 아니사 헬리Anissa Helie는, "사실, 꾸란은 동성애 이슈에 대해 명백히 다루지 않고 있다. 동성애에 대한 이슬람의 입장은 여전히 논쟁 중이다. 어떤 사람들은 이슬람에서 동성애는 '불법'이라고 생각하지만, 또 다른 이들은 코란이 동성애 행위를 명백히 비난한 것은 아니라고 말한다."고 주장한다. 꾸란에서 동성애에 대한 실제적 언급은 소돔과 고모라에 관한 부분이 유일하다.

선지자 룻Lut 시대에 소돔과 고모라 사람들이 가혹한 처벌을 받았던 것과 관련하여 어떤 사람들은 알라가 동성애를 제거하고자 했다는 명백한 증거가 '롯Lot'이라고 생각한다. 반면에 또 다른 이들은 특별히 동성애에 대한 처벌은 없었다고 주장한다. 소돔 사람들은 '모든 것을 과도하게 행한다'는 이유로 처벌받았다는 것이다. 이들은 동성애를 비난하는 것은 꾸란이 아니라 무슬림 사회에 만연한 호모포비아 문화라고 주장한다.[5]

중동의 전 이슬람 시기에는 여신 숭배 전통이 있었고 특히 알라트Al-Lat, 알 우짜Al-Uzza, 마나트Manat 여신을 숭배했다. 주로 여사제들과 트랜스젠더 동성애 남자들이 이 전통을 주도했다. 이슬람의 승리로 초기 영적 전통은 억압되었고 추종자들은 개종하거나 살해되었다. 여성의 일반적인 권위뿐 아니라 영적 권위는 크게 감소하였고 동성애와 트랜스젠더 행위는 불법이 되었다. 그러나 이러한 전통의 일면이 이슬람의 신비한 전통인 수피교에 남아 있다.

수피들은 신비주의에 집중하고 트랜스젠더와 동성애 행위를 명백히 수용한다는 이유로 이슬람의 다른 교파 사람들에게 수세기 동안 고통을 당해 왔다. 한 이슬람 문헌은 수피들을 가리켜 '소도미 공동체'라고 불렀다.[6]

압델와합 부디바Abdelwahab Bouhdiba는 『이슬람의 섹슈얼리티 Sexuality in Islam』에서 수피가 사랑받는 남자를 감히 신의 형상으로 간주한다는 이유로 보수적인 이슬람 세력에 의해 축출되었다고 설명한다. 신에 대한 이러한 믿음은 '훌룰hulul'이라고 불리는데 '수피 이단의 가장 극악한 지점'으로 간주된다. 트랜스젠더나 동성애를 한 사람들은 돌에 맞거나 화형을 당하는 등 다양한 처벌을 받았다. 12세기 학자 이븐 압바스Ibn Abbas는 "소도미들은 마을의 높은 건물에서 거꾸로 던져진 후 돌에 맞아야 한다."고 말했다.[7] 일부 이슬람 신자들은 사후에, "소도미에 대한 처벌은 훨씬 끔찍할 것이다. 심판의 날에 그들이 회개하지 않는다면 죄지은 파트너들은 서로 붙어서 떨어지지 않게 될 것이다."라고 믿었다.

1970년대 이래로 동성애자와 트랜스젠더가 종교적 근본주의가 지배하는 국가에서 살기는 더욱 힘들어졌다.(4장 참고) 근본주의자 역시 에이치아이브이 양성 사람들에게 종교를 이용했다. 1997년에 터키 이슬람 의사 무스타파 세네르Mustafa Sener와 이브라임 게익Ibrhaim Geyik은 에이즈가 타락한 삶을 사는 사람들과 '이슬람의 방식대로 살지 않는 사람들'에 대한 신의 경고라고 설명했다. 이들은 '부도덕하고 잘못된 성 관계에 대해 합당한 행동을 취하는 대신에' 에이즈를 예방하기 위해 콘돔을 제공한 다른 의사들을 비난했다.

그러나 이슬람 권력자들과 다른 사람들이 동성애와 트랜스젠더에 대한 종교와 문화적 입장에 대해 찬찬히 재고하기 시작한 징후들이 나타났다. 1994년에 『캐나다의 이슬람교 고찰Islamic Canada Reflections』의 편집자는, "이슬람이 동성애 행위를 금지한 것은 사실이지만 (…) 이것이 동성애자가 폭력과 다른 형태의 박해를 당해야 한다는 것을 의미하지는 않는다."고 주장했다.[8]

이러한 입장의 점진적인 변화는 점점 더 많은 무슬림들이 커밍아웃하는 현실에 기인한다. 위협적인 환경에도 무슬림 국가와 공동체 안에서 성 소수자들은 자신들의 조직을 만들고 모습을 드러내고 있다. 또한 종교적 문헌을 해석하기 위해 많은 연구를 진행하고 있다. 꾸란을 동성애 혐오적 시각으로만 해석하고 있는 현상에 도전하기 위해 동성애자 또는 동성애 우호적인 신학자들이 꾸란을 다시 연구하고 있는 것이다.(235쪽, '성직자들에게 말하기' 참조)

샤이드 도사니Shaid Dossani 같은 작가들은 이슬람교가 선지자 마호메트의 죽음을 끊임없이 발전시킨다는 면에서 활기 있는 신앙으로 평가받아야 한다고 주장했다. 또한 이성애 관계에 대한 강조가 사회의 주요 기능으로 작용해 왔다면, 이제는 안정적인 동성애 관계도 포용할 때가 되었다고 강조했다.[9]

또 다른 무슬림 작가 칼리드 듀란Khalid Duran은 이슬람교를 믿는 동성애자 앞에 놓인 길은 수피즘을 포용하는 것이고 관습적인

이슬람 법인 샤리아를 자기 인식의 길인 '따리까tariqa'로 대체해야 한다고 썼다.[10]

유대교

구약에서는 동성애에 대해 매우 분명한 태도를 취하고 있다.

"너는 여자와 교합하듯 남자와 교합하지 말라, 이는 가증한 일이니라. 누구든지 여자와 교합하듯 남자와 교합하면 둘 다 가증한 일을 행함인즉 반드시 죽일지니 그 피가 자기에게로 돌아가리라."
"여자는 남자의 의복을 입지 말 것이요, 남자는 여자의 의복을 입지 말 것이라. 이같이 하는 자는 네 하나님 여호와께 가증한 자니라."(옥스포드 주해 성경)

레위기 18장 22절과 20장 13절, 신명기 22장 5절인 이 문장들은 수세기 동안 동성애와 트랜스젠더에 대한 유대인의 시각에 영향을 미쳤다. 성경학자들은 고대 이스라엘 인들이 이전에 살고 있었던 가나안 사람들과 자신들을 구별하기 위해 가혹한 계명이 필요했다고 보고 있다.

가나안 종교에서 젠더와 성적 다양성은 여신 숭배와 관련되어 있다. 가나안 인들의 종교를 없애기 위해 이 신앙과 연관된 성적 관습을 없앨 필요가 있었다. 이러한 관습의 가장 중요한 상징은 여신 아디라Athirat와 아디라의 남성 배우자 바알Baal의 '신성한

매춘부'인 여사제들 케데샤qedeshtu와 남사제들 카데쉬qudeshim
이다.

3백여 년 동안 이스라엘과 유다의 일부 군주들은 케데샤와 카
데쉬를 반대하는 캠페인을 격렬하게 진행했다. 더 관용적인 군주
들은 케데샤와 카데쉬를 헤브라이 신전에 살게 하였다. 그러나
기원전 600년에 이르러 이들에 반대하는 캠페인 때문에 케데샤
와 카데쉬는 사라졌다.

레위기와 신명기에 여러 번 언급되었지만, 가나안 인들의 저항
이 약해지면서 동성애를 혐오하는 태도도 줄어들었다. 동성 간의
열정적인 우정은 수용되었고 심지어 축하받기도 했다. 이러한 변
화는 성경에 나오는 다윗과 조나단, 룻과 나오미의 이야기에서
확인된다. 그러나 후에 적대감은 다시 증가한 것으로 보인다. 50
년경에 살았던 필로 유대아스Philo Judaeas는 동성애를 소돔의 멸
망과 연결시켰다.

2세기 랍비 문헌인 『미슈나Mishna』에서 남자들 간의 성 관계는
돌에 맞는 처벌을 받았고, 이는 중세까지 지속되었다. 동성애를
하는 남자들은 신에게 처벌받아 단명할 것이며, 소도미 죄에 대
한 처벌로 지진과 일식이 일어날 것이라는 등의 믿음들이 강해졌
다. 동성애가 마력이나 우상 숭배와 관련 있다는 믿음도 생겨났
다. 레즈비어니즘을 비난하는 유대 기록은 12세기에 처음으로 등
장했다. 모세스 마이모니데스Moses Maimonides는, "여자는 이집
트에 존재하는 레즈비언 행위를 해서는 안 된다."고 썼다.

그러나 중세에 출현한 유대교의 비밀스러운 전통과 민간 전통

● 트랜스젠더 군소─바다에 사는 연체동물로 암수한몸이 다. 머리에 있는 더듬이가 토끼의 귀와 비슷하게 생겨서 '바다의 토끼sea hare' 라 부르기도 한다. 옮긴이

은 모두 젠더와 성적 다양성에 다소 수용적인 태도를 보였다. 유대교의 밀교 카발리스트Qabbalists는 양성구유에 대해 아담의 최초의 양성구유를 복원하려는 시도라고 설명했다. 또한 민속학자들은 이른바 트랜스젠더 군소가 노아의 방주에서 출현했으며 신의 은총을 받은 동물이라고 설명한다.

이 상당한 관용은 급격히 부상한 스페인 유대교 시인들의 남성 동성애 시에 반영되었다. 사랑받는 이들은 종종 신에 비유되었고, 이 시들은 순전히 세속적인 시들과는 반대되는 영적인 서정시였다. 10세기와 12세기 사이에 동성 간의 사랑에 관한 시를 쓴 유대교 시인들 중에 모세스 이븐 에즈라Moses Ibn Ezra, 이삭 벤 마르-사울Yishaq ben Mar-Saul, 요세프 이븐 사딕Yosef Ibn Saddiq, 사무엘 이븐 나그릴Samuel Ibn Nagrillah, 솔로몬 이븐 가비롤Solomon Ibn Gabirol, 유다-하-레비Judah-ha-Levi, 아브라함 이븐 에즈라Abraham Ibn Ezra, 아이작 이븐 에즈라Isaac Ibn Ezra가 유명하다. 이 시인들은 보통 여자의 애인이거나 배우자여서 오늘날의 용어로는 양성애자로 생각된다. 1492년에 스페인에 동성애를 들여왔다는 이유로 스페인 가톨릭에 의해 이슬람교도와 함께 유대교도가 추방되면서 이 밝은 시대는 막을 내렸다. 이후 4세기 동안 유대교도들이 젠더와 성적 다양성에 대해 쓴 글은 거의 없었다.

1970년대 이래 '게이 · 레즈비언 유대교 단체 세계 대회World Congress of Gay and Lesbian Jewish Organizations' 등 동성애자가 중

이스라엘의 트랜스섹슈얼 가수 '다나'

일부 정통파 유대교도들은 여전히 성과 젠더 다양성에 공개적으로 적대감을 보이고 있다. 이스라엘의 트랜스섹슈얼 가수 다나 인터내셔널Dana International이 1997년 유로비전 송 콘테스트에 이스라엘을 대표하여 참석하기로 결정되었을 때 이스라엘의 권위 있는 종교적 정통파 인물들은 정부에 크게 항의하였다.
샤스 당Shas party의 랍비 베니브리 슐로모Shlomo Benizri는, "유대인들은 언제나 세계에 빛을 비추었는데, 지금 우리가 세계에 어둠을 비추고 있다는 사실이 수치스럽다. 신은 이에 반대하신다. 다나의 상황은 우리가 반드시 치료해야 하는 질병이며 법적 승인을 부여해서는 안 된다."고 말했다. 그러나 텔 아비브 거리에 쏟아져 나와 다나의 우승을 축하한 수천 명의 이스라엘 인들은 이 생각에 동의하지 않은 것 같다.

▶출처—*New Internationalist*, October 2000.

심이 된 많은 유대교 단체들이 설립되었다. 개혁파 유대교의 '미국 랍비 중앙 회의Central Conference of American Rabbis'와 '부흥 랍비 협회Reconstructionist Rabbinical Association'는 유대인을 포함해 동성애자를 지지하기 위한 결의안을 채택하였다.[11]

기독교

『예수는 동성애에 대해 뭐라고 말씀하셨나*What Jesus Said About Homodexuality*』라는 제목의 책이 몇 년 전에 출판되었다. 이 책에는 아무것도 적히지 않은 백지의 페이지들이 있었다. 나사렛의 예수는 모든 선과 악에 대해 논평할 준비가 되어 있었지만 동성애에 대해 언급할 말은 없었던 것 같다.

따라서 기독교의 역사가 성 소수자들에 가한 박해와 비난으로 가득 차 있다는 것은 놀라운 일이다. 오늘날 대부분의 정통파들은 동성애가 '기독교 가치'에 반한다는 이유로 레즈비언과 게이를 심하게 차별하고 있다. 일부 근본주의자들은 신도들에게 동성애자를 폭행하도록 조장하기도 하며, 다른 종파들은 에이즈가 분명히 신의 처벌이라고 생각한다.

예수는 침묵했지만 사도 바울은 그렇지 않았고 그의 말은 동성애를 비난하는 데 널리 사용되었다. 바울은 유일신 여호와를 부정한 이교도를 언급하면서, "이 때문에 하나님께서 그들을 부끄러운 욕심에 내버려 두셨으니 곧 그들의 여자들도 순리대로 쓸 것을 바꾸어 역리로 쓰며, 그와 같이 남자들도 순리대로 여자 쓰기를 버리고 서로 향하여 음욕이 불 일 듯하매 남자가 남자와 더불어 부끄러운 일을 행하여 그들의 그릇됨의 상당한 보응을 그들 자신이 받았느니라."라고 말했다고 로마서 1장 26절부터 28절에 기록되어 있다.[12]

유명한 기독교 신학자 토마스 아퀴나스Thomas Aquinas는 '욕정'이라는 제목으로 자연에 반하는 악의 범주를 네 가지로 나눴다. 네 개의 범주는 자위, 수간, 정상 체위가 아닌 성교 체위, 그리고 '남자와 남자, 여자와 여자 간의 부적절한 성 관계'다.

이후 신학자들은 아퀴나스의 견해를 따랐다. 예를 들어 15세기 파리 대학의 총장 장 게르송Jean Gerson은 자연에 반하는 범죄 목록에 '정해지지 않은 그릇에 사정하는 행위'와 함께 여자들 간의 성 관계를 포함시켰다.[13]

레즈비언 섹슈얼리티에 대해 알게 되면서 레즈비언 섹슈얼리티를 수도원에서 금하려는 시도가 있었다. 423년에 성 아우구스티누스는 신성한 서약을 한 여동생에게, "너는 육체적인 사랑이 아니라 영적인 사랑을 해야 한다. 천박한 여자들처럼 다른 여자와 히히덕거리고 희롱하는 수치스러운 짓을 해서는 안 된다. 유부녀, 결혼을 앞둔 처녀는 물론 미망인, 그리고 하나님의 종이 되기 위해 신성한 서약을 한 순결한 처녀들은 이러한 행동을 해서는 안 된다."고 조심시켰다.

유혹을 없애기 위해 1212년 파리 의회와 1214년 루랑 의회는 수녀들이 함께 자는 것을 금했고 기숙사에 밤새 등불을 켜 두라고 지시했다. 13세기부터 수도원에서는 수녀들이 서로의 방에 들어가서는 안 되고, 수녀원장이 확인할 수 있도록 방문을 잠그지 말아야 하며, 우정을 나타내는 특별한 타이를 매서는 안 된다는 규율이 생겼다.

그러나 그 당시에도 기독교인들은 평신도와 성직자 모두 당연히 동성애를 했다. 그러면서 수천 명이 사형을 당하고 구속되거나 수년 동안 고통스러운 고행을 해야 했다.(4장 참고)

기독교 전통 안에서 성장한 레즈비언, 게이, 양성애자에게는 자신의 섹슈얼리티를 숨기거나 기독교와 거리를 두는 것이 최상의 선택이었다.

그러나 20세기 초반에 명백한 동성애자 중심의 기독교 개념이 등장했다. 엘리자리온Elisarion이라고도 알려진 엘리자 본 쿠퍼 Elisar von Kupffer는 기독교와 동성애, 그리스 종교와 신학, 중세 유럽 기사도를 함께 묶으려고 한 '클리스티체Klaristiche 운동'을 창설했다.[14)

1955년 데릭 셔윈 베일리Derrick Sherwin Bailey의 『동성애와 서구 전통Homosexuality and the Western Tradition』은 기독교 작가들과 종교적 지도자들에게 반동성애와 경우에 따라서 반트랜스젠더 정서가 그들이 해 온 대로 기독교의 본질인지를 결정하기 위해 성경을 재검토하도록 하였다. 근본적인 의문을 제기한 이 책 이후로 비슷한 유형의 연구들이 뒤따랐다. 1989년 존 쉘비 스퐁John Selby Spong 감독의 『죄 가운데 삶Living in Sin』을 비롯하여 많은 연구들이 소돔 이야기에 대한 해석에 문제를 제기했다. 스퐁은 소돔 이야기가 동성애에 관한 것이 아니라 환대 규범의 위반에 관

소돔에 대한 성경 구절 재해석

스퐁 감독은 롯의 집 주위에 모여 롯에게 '그들을 알 수 있도록' 두 명의 손님을 보내라고 요구한 남자들은 아마도 그 이방인들을 모욕하려고 했던 것이라고 주장했다. 이를 보고 소돔의 모든 남자들이 동성애자라고 하는 것은 무리가 있다. 대신에 '의로운 사람' 롯은 처녀인 자신의 두 딸을 무리에게 보내겠다고 제안했다. 아버지가 자신의 딸들이 윤간을 당하도록 한다는 것을 상상할 수 있는가? 여호와가 도시를 멸한 후에 아버지가 자신의 두 딸을 임신시켰다고 해서 근친상간도 허용되었다고 생각할 수 있는가?

스퐁은, "아마도 더 중요한 이슈는 소돔 남자들이 의도한 것으로 보이는 윤간일 것이다. 동성 간이건 이성 간이건 윤간이 본질적으로 옳은가? 롯은 동성 간의 윤간이 특히 중동의 환대 관습을 어긴다는 점에서 악하다고 생각한 것 같다. 반면에 자신의 딸들을 윤간하는 것은 어떤 환대 규범과도 관련이 없기 때문에 수용할 수 있다고 생각한 것 같다. 동성 윤간에 대한 비난이 동성애에 대한 비난과 본질적으로 같다고 간주하는 것이 옳은가? 나는 그렇게 생각하지 않는다. 그리고 누구라도 열린 마음으로 성경을 읽는 사람은 소돔 사람들의 진정한 죄는 환대 규범에 면밀히 주의를 기울이지 않은 것이라는 사실을 발견하리라고 믿는다."고 말했다.

▶출처— 'Sodom revisted', Bishop John Sellby Spong, *New Internationalist*, November 1989.

한 것이라고 주장했다.

1960년대 이래로 동성애와 기독교가 우호적으로 함께 갈 수 있다는 사상이 발전하였다. 그 선구자인 미국의 '성체 천주교회 Eucharistic Catholic Church'의 마이클 이트킨Michael Itkin은 평화주의와 시민권의 연결을 강조하는 동성애 중심 신학을 개발하였다. 또한 미국의 트로이 페리Troy Perry 목사는 1968년에 동성애 중심의 개신교 '메트로폴리탄 커뮤니티 교회Metropolitan Community Chruch'를 설립했다.

다른 단체들도 이에 동조하였다. 1978년 출판된 『또 다른 종류의 사랑―동성애와 영성Another Kind of Love―Homosexuality and Spirituality』에서 가톨릭 신부 리처드 우드Richard Wood는 '동성애 영성'이라는 개념을 정의하였다. 이는 이 시기에 가장 독창적인 공헌으로 평가받는다. 레즈비언 성공회Episcopalian 사제 카터 헤이워드Carter Hayward는 '사랑 만들기'를 '정의 만들기'와 연결시켰다. 정통 가톨릭과 주로 개신교도인 근본주의 기독교 운동의 성장은 이 모두에 반대하였다. 미국에서 잘 알려진 지도자 중에는 제리 폴웰Jerry Falwell, 팻 로버트슨Pat Robertson, 제이 그림스테드Jay Grimstead가 있다. 그림스테드는 동성애에 관해 "동성애는 하나님을 역겹게 한다."는 발언을 자주 했다.

논쟁을 가져온 또 하나의 문헌은 기독교 보수에 의해 1990년대 초기에 발행된 『성경은 동성애를 사형으로 다스린다Death Penalty for Homosexuality is Prescribed in the Bible』이다. 콜로라도의 백인 지상주의자들과 관련되어 있는 '미국 경전회Scriptures in America'

가 편찬한 이 소책자는 동성애자들을 공격하지 않는 기독교인들은 기독교인으로서의 책임을 다하지 않는 것이라고 주장했다. 1990년대 초반에 콜로라도에서 증오 범죄가 상당히 증가한 것은 우연이 아닐 것이다.[15]

정통 가톨릭교회와 '오푸스데이Opus Dei' 같은 우파 가톨릭 조직은 매우 공격적인 입장을 채택했고 교황도 이 문제에 대해 특별 발언을 했다. 1999년 7월에 교황청의 신앙교리성성Vatican's Sacred Congregation for the Doctrine of the Faith■은 로버트 누젠트Robert Nugent 신부와 지닌 그래믹Jeannine Gramick 수녀에게 그들이 게이·레즈비언 가톨릭 신자들을 대상으로 30년간 해 온 목회를 그만 두라고 명령했다. 이들은 '신앙 고백' 에서, "동성애 행위가 언제나 객관적으로 악이고 동성애 성향은 객관적으로 난잡하다는 견해를 받아들이고 견지한다." 는 데 서명해야 했다. 그래믹

■ 깊이 읽기

교황청 신앙교리성성

로마가톨릭의 신앙과 도덕에 관련된 교리를 제정, 심사하고 온전한 신앙이나 윤리의 원칙에 반대되는 내용을 가려내고 그와 관련된 범죄를 판결하는 일종의 법원과 같은 역할을 한다. 본래는 교황 바오로 3세가 '검사성성S. Congregatio Inquisitionis' 이라는 이름으로 이단들로부터 교회를 보호하기 위해 설치하였다. 옮긴이

▶출처—위키백과(ko.wikipedia.org).

은 서명하기를 거절했고, 자신의 소명에 반하는 입장을 취하지 않겠다고 말했다.

이와 유사하게 로마에서 2000년 7월에 열린 성 소수자 활동가들의 국제회의에서 프랑스의 자끄 가이오Jacques Gaillot 주교는 동성애자 권리에 찬성한다는 이유로 기조연설을 하기 바로 전에 바티칸에 의해 입막음을 당했다.

이러한 사건들은 가톨릭교회 안에서 동성애 이슈가 점차 퍼지면서 나타났다. 마크 조단Mark Jordan은 『소돔의 침묵Silence of Sodom』에서 가톨릭교회가 동성애와 호모포비아를 둘 다 지니고 있어서 동성애자를 보호하기도 하고 때로는 괴롭히기도 한다고 주장했다.

그러나 평등을 지지하는 일부 가톨릭 성직자들은 동성애자 신자들의 단체를 만들었다. 미국에 있는 '새로운 목회New Ways Ministry'와 멕시코의 '다른 양들Other Sheep'이 그 예다. 성공회 안에서 동성애는 수뇌부인 종교회의의 연례 국제회의에서 지속적으로 분쟁의 원인이 되어 왔다. 숨어 있는 동성애자 성직자들은 당연히 적지 않지만, 자신의 동성애 취향에 정직하고 열려 있는 성직자를 임명하는 것은 또 다른 문제다. 남아프리카공화국의 성공회 대주교 데스몬드 투투는 레즈비언이나 게이 성직자의 임명을 강하게 지지하는 대변인이었다. 그러나 이는 여전히 소수의 견해다. 성공회는 동성애자 성직자를 받아들이는 것보다 트랜스젠더 성직자를 발견하는 것이 더 쉬웠던 것으로 보인다.

다른 기독교 종파들은 더 열려 있는 태도를 취하고 있다. 캐나다의 가장 큰 기독교 단체 중 하나인 '캐나다 연합 교회The United Church of Canada'는 게이와 레즈비언 성직자를 수용하고 임명하는 분명한 정책을 시행하고 있다. 퀘이커교는 이성애 관계와 동일하게 장기간의 동성애 관계를 수용하고 축복한다. 그러나 대부분의 기독교 종파는 여전히 이를 잘못된 것으로 여긴다.

인권 문제

인류 역사에서 종교는 종종 이런저런 사람들을 억압하는 데 사용되었다. 교리의 모순 및 수용과 거부, 관용과 불관용의 부침은 성적 소수자에 대한 종교적 편견이 본래 종교적인 것이라고 말하기 어렵다는 사실을 나타낸다.

이러한 성 소수자에 대한 종교의 태도는 근본적으로 정치적인 것이다. 또한 대체로 권력이나 우월함을 주장하거나 유지하려는 것과 관계있다. 종교적으로 조장된 편견은 신자들을 관리하기 위해 자극되었고, 완전히 따르지 않거나 신앙 파수꾼인 중앙의 권위에 도전하는 사람들을 배제하였다. 이는 또한 외국인 혐오의 수단으로 사용되기도 하였다. 근본주의에 저항하고 모든 종교가 지니고 있는 인간적이고 따뜻한 가치를 주장하기 위해 '국제 게이 레즈비언 인권 위원회'는 2000년 로마에서 '신앙에서 증오 분리Separation of Faith and Hate' 회의를 조직하였다. 다양한 종교를 지닌 활동가들은 여기에서 성 소수자들의 인권 존중을 요구하는 합동 성명을 발표하였다.

NO-NONSENSE

N

7

과학과 성적 다양성

의사

심리학자

생물학자의 견해

동성애 뇌

동성애 유전자

동성애를 '치료' 하려는 사람들

SEXUAL DIVERSITY

과학자들은 성적 다양성의 원인이 어디에 있다고
생각할까?
어째서 이성애의 원인을 연구하는 과학은 존재하
지 않는 것인가?
동성애자들을 '치료' 하겠다고 나서는 이들이 범하
는 오류는 어떤 것들인가?

과학과 성적 다양성

역사적으로 동성애의 원인을 과학적으로 밝히려는 시도들이 끊이지 않았다. 트랜스젠더 군소, 과일파리 등의 자웅동체 동물들은 중요한 연구 대상이 되었다. 동성애의 원인을 밝히려는 성과학의 시도는 일반적으로 동성애를 '치료'하겠다는 목적을 지닌다. 성과학은 호르몬과 염색체, 뇌 등을 연구하였고 동성애 유전자라는 것이 있는지를 밝히려고 하였다. 그러나 이성애의 원인을 연구하는 성과학은 존재하지 않는다는 점에서 과학의 객관성은 의심받는다.

동성애의 과학적 '원인'에 대한 탐색은 매우 다양한 방법으로 진행되었고 이 중에는 아주 이상한 방법도 있었다. 오랫동안 동성 간의 성행위는 순전히 인간에게만 있는 현상으로 생각되었다. 동물 세계에는 동성 간의 성행위가 없으므로 동성 성행위는 '비자연적'이라고 여겨졌다. 동물학자와 생물학자는 보통 동성 간의 성행위에 주의를 기울이지 않았고, 성행위 장면을 보더라도 인지하지 못했다.

최근의 연구들은 450종의 조류와 포유류가 동성애 행위를 한다는 사실을 발견했다.

▸수컷 오랑우탄이 펠라치오를 즐긴다.

▸수컷 해마들은 서로 성 관계를 한다.

▸범고래는 여름에 하루 중 두 시간 정도를 동성애 행위를 하는 데 보낸다.[1]

동물의 성적 욕망에 대한 연구를 통해 동물들의 성적 행위와 선호는 인간과 유사한 것을 알게 됐다. '동성애를 하는' 과일파리의 발견은 성적 취향에 대한 생물학적 근거를 제시하려는 최근의 시도에 중요한 계기가 되었다. 흰족제비, 햄스터, 설치류, 영장류의 동성애 행위는 성적 취향을 연구하는 데 유용한 모델이 되고 있다.[2]

'레즈비언 갈매기의 빈도'라는 연구가 1970년대 캘리포니아의 해변에서 행해졌다. 1996년 레즈비언 갈매기를 다시 찾으려는 시도는 실패했지만 그 새들은 영화 〈비비스와 벗헤드, 미국을 하다Beavis and Butthead Do America〉에 삽입된 '레즈비언 갈매기Lesbian Seagulls'라는 노래로 영원히 살게 되었다.

●비비스와 벗헤드, 미국을 말하다―1992년부터 1997년까지 엠티비MTV에서 방영되었던 마이크 저지Mike Judge 감독의 애니메이션 〈비비스와 벗헤드〉의 극장판으로 1997년에 제작되었다. 주인공인 비비스와 벗헤드는 무식하고 무료하고 무례한 십대들의 초상이다. 옮긴이 ▸출처―〈씨네21〉 1999년 196호, '20세기 팝 아이콘 50' 참조.

의사

고대부터 플라톤 같은 철학자나 소라누스Soranus 같은 물리학자는 성적 욕망과 취향의 신비에 대해 많은 관심을 가졌다. 19세기 말부터 과학자, 물리학자, 심리 전문가들은 이를 더욱 적극적으로 연구했다. 애초에 동성애에 대해 특별히 관심을 갖게 된 것은 성적 타락으로 간주되는 것들을 치료하거나 제거하려는 의도에서 비롯되었다.

2장에서 우리는 게이 법학도 칼 울리히스가 당시 발생학에 영향을 받아 성적 취향에 대해 준과학적인 '동성애Uranian' 설명을 만들어 냈다는 사실을 접했다. 울리히스는 자신의 이론을 1866년에 정신과 의사 리처드 본 크라프트 에빙Richard von Krafft Ebing에게 보냈다. 에빙은 자신의 저서 『성적 정신병질Psychopathlogia Sexualis』에 이 아이디어들을 많이 실었으나 상당 부분 수정하기도 했다. 동성애가 자연적이고 천성적이라는 울리히스의 견해는 성도착, 병리, 결핍을 강조하는 범죄적·의학적 모델로 변경되었다. 울리히스는 동료가 아니라 적으로 크라프트 에빙과 다른 '정신병 의사'들을 만나러 갔다.[3]

'성전환'이라는 표현은 더 일반적인 의학 용어가 되었고, 1897년에 영국의 성의학자 헤이브록 엘리스Havelock Ellis가 연구의 제목으로 사용하였다. 『성전환Sexual Inversion』이라는 연구서에 의해 '전환'이라는 개념은 선천적으로 타고난 이례적인 것이라는 의미로 일반화되었다. 이 책의 게이 공저자인 존 애딩턴 시먼즈John Addington Symonds는 동성애자들이 '소수자'로 인식되어야 한다고 진지하게 생각했지만 동성애를 신경증과 선천적인 비정상으로 보는 엘리스의 견해가 대중의 동정과 관용을 이끌어 낼 것이라는 헛된 기대로 이를 수용하였다. 1910년까지 동성애에 대해 성적 도착론·진화론 견해가 의학 잡지와 책에 등장하였지만 일반 독자들이 접할 수는 없었다. 더 성적인 내용들은 라틴어로 실렸다. 엘리스의 『성전환』의 영어 초판은 발매 금지되어 미국에서 의사와 변호사들에게만 제한적으로 판매되었다.

신문과 잡지는 책에 관해 거의 보도하지 않았다. 영국의 대표적인 의학 저널 『랜싯*The Lancet*』은 대중들이 『성전환』을 읽지 않도록 서평을 싣지 않았다.[4]

심리학자

20세기 중반에 성적 취향에 있어서 처음 성 경험이 매우 중요하다고 보는 이론이 대세였다. 이는 만일 누군가가 특정한 성별과 즐거운 성 경험을 했다면 앞으로도 같은 성별과 성 관계를 하고 싶을 것이고, 그 성 경험이 좋지 않았다면 앞으로는 같은 성별과 성 관계를 원하지 않을 것이라는 이론이다. 성 경험이 없는 사람이 레즈비언이나 게이가 되도록 유혹받을 수 있다는 견해는 이러한 이론을 고수하는 것이다.

'유혹 이론'은 사람들이 탐욕적인 동성애자에 의해 동성애의 유혹을 받지 않는다면 '자연적으로' 이성애자가 될 것이라는 견해를 은연중에 내포하고 있다.

'가족의 역동성'이라고 불리는 또 다른 이론은 성적 취향이 부모와의 관계와 관련 있다는 견해다. 언제나처럼 연구는 주로 남자를 대상으로 진행되었다. 이 이론은 프로이트의 오이디푸스 이론에서 갈라져 나와 강한 어머니와 무심한 아버지의 영향으로 게이가 된다고 보았다. 반면에 이성애자 남자는 아버지와 강하게 동일시하여 어머니를 포기하고 대신 어머니를 다른 여자로 대체한 결과로 보았다. 최근에 심리학자들은 '가족의 역동성' 이론을 여성과 관련하여 설명하였다. 레즈비어니즘이 어머니와의 동일시에 실패하거나 어머니와의 거리감 때문에 생긴다는 것이다.

일부 사회생물학자는 심지어 '부모의 조정 이론'을 개발했다. 이는 부모가 자신의 가족의 재생산과 생존의 문제를 무의식적으로 여러 자식보다 특정한 자식에게 집중시키는 것이 가족에게 더 유익하다는 것이다.

성적 취향이 어떻게 만들어지는가에 관해 가장 널리 지지되는 '상식적인' 이론 중 하나는 아이의 행동이 성 역할에 맞는가 맞지 않는가에 천착하는 것이다. 거의 모든 문화는 남자와 여자에게 다소 다른 성 역할을 부여하고 있다. 이 이론에 따르면 성 역할에 맞게 행동하는 아이는 앞으로 이성애자가 될 것이지만 계집애 같은 남아와 사내아이 같은 여아는 동성애자가 되기 쉽다. 이 이론의 다른 버전은 어린 시절 성 역할에 맞지 않는 행위를 경험한 것이 어른이 되었을 때의 성적 욕망을 형성한다고 본다.[5]

많은 레즈비언과 게이가 무엇도 '자신을 동성애자로 만들지' 않았다고 느낀다. 그들에게 동성애는 본질적이고 고정된 성질이지 선택의 문제가 아니다.

미국의 『뉴 리퍼블릭New Republic』의 전 편집장 앤드류 설리번

Andrew Sullivan은 이를 확신했다. "이성애가 이성애자 자신의 의지와 무관한 것처럼 동성애도 성인 동성애자의 절대다수에게 그렇다. 그리고 (…) 성적 취향이 결정되는 것은 사람의 감정적 정체성이 형성되기 시작한 바로 그 지점부터라는 것은 분명하다."

그러나 많은 사람들이 그렇게 느낀다고 해서 그렇게 되는 것은 아니다. 에드워드 스테인Edward Stein은, "사람들이 자신의 성적 성향을 단순히 자기 생각에 의거해 판단하는 것에서 볼 수 있듯이 매우 복잡한 무언가의 원인을 규명해 낸 것을 신뢰하기 어렵다."고 지적했다.

스테인은 이를 계급에 비유하여 누군가가 자신이 특정한 사회적 또는 경제적 계급에 속하고 그에 대한 선택의 여지가 별로 없다고 느낄 테지만 그것이 자신의 계급을 타고난 본질적인 것으로 만들지 않는 것처럼, "성적 취향은 자연적인 것이 아니라 사람이 만든 특정한 사회적인 것일 수 있다."고 말했다.[6]

이는 확실히 사회 구성론의 견해다. 사회 구성론은 섹슈얼리티가 사회적으로 구성되며 레즈비언, 게이, 양성애자, 이성애자 정체성은 모두 역사적 우연이라고 본다. 특별한 목적에 의해 사회 안에서, 사회에 의해 만들어진 범주라는 것이다. 작가이자 학자인 엘리자베스 윌슨Elizabeth Wilson은, "성 정체성과 성적 욕망은 고정되거나 불변의 것이 아니다. 우리는 혼란에 휩싸이지 않기 위해 스스로 경계와 정체성을 만들었을지 모른다."고 말했다.[7] 사회 구성론이나 문화 구성론은 특히 1970년대와 1980년대 레즈비언·게이 해방운동에서 지지받았다. 게이 또는 레즈비언 정체

킨제이의 7개 목록

아마도 지난 백 년간 가장 눈에 띄고 가장 유명한 연구는 20세기 중반 미국의 학자 알프레드 킨제이와 동료의 연구일 것이다.

켄제이와 포머로이Pomeroy, 마틴Martin은 방대한 인터뷰를 통해 매우 많은 남자와 여자가 이성애와 동성애 모두 경험이 있거나 또는 심리적으로도 반응한다는 사실을 밝혀냈다.* 이를 토대로 이들은 "많은 개인들은 완전한 이성애자나 완전한 동성애자로 태어나지 않는다."고 결론 내렸다. 이들은 '개인의 삶에서 이성애와 동성애 경험이나 욕망의 상대적인 양에 근거한 분류'를 개발하였다. 킨제이의 7개 목록으로 알려진 것은 다음과 같다.

    0—동성애가 없는 완전한 이성애.
    1—주로 이성애, 부차적인 동성애.
    2—주로 이성애지만 부차적이지 않은 동성애.
    3—이성애와 동성애가 동등.
    4—주로 동성애지만 부차적이지 않은 동성애.
    5—주로 동성애, 부차적인 이성애.
    6—이성애가 없는 완전한 동성애.
    X—성적 접촉이나 반응이 없음.

킨제이의 통찰은 성적 취향에 대한 이분법적 시각에서 벗어나 성적 취향이 연속적이라는 양극 견해를 제공하였다. 개인의 성적 취향은 두 개의 극 사이 어딘가에 위치한다.

---

* *The Mismeasurement of Desire*, Edward Stein, Oxford University Press, 1999.

성이라는 개념은 종종 어느 정도 상극적이고 모순적이라고 간주되었지만 이성애적 가부장제에 저항하는 데 유용한 도구였다.

그러나 최근에는 도덕적 다수파와 반동성애 조직이라는 적들에 의해 사회 구성론이 동성애자 커뮤니티에 등을 돌렸다. 그들은 만일 성 정체성이 사회적으로 구성되었다면 사회적으로 해체될 수도 있을 것이라고 주장했다. 이는 반동성애 운동이 동성애자를 이성애자로 '전환'시킬 수 있다고 믿고 있음을 드러낸다.

한편 성적 취향에 대한 생물학적 원인 규명에 대한 관심이 급격히 증가했다.

생물학자의 견해

성적 취향의 비밀이 몸 안에 있을 것이라는 생각은 동성애자에게 과거보다 덜 위협적이 되었는데, 그것은 연구자들의 일부가 동성애자이기 때문이다.

물론 답을 찾기 위해 몸을 조사하는 것이 새롭지는 않다. 1916년 유전학자 리처드 골드슈미트Richard Goldschmidt는 동성애자는 자신의 성염색체와 맞지 않는 몸을 가지고 있는 사람들일 것이라고 생각했다. 이 이론은 성과학자 마그누스 히르슈펠트Magnus Hirschfeld를 포함하여 20세기 초기에 많은 사람들에게 지지를 받았다. 그러나 1950년대에 오류임이 증명되었다.

다른 과학자들은 혈류, 생식선, 소변의 호르몬 수치에 주목하기도 했다. 연구자들은 레즈비언은 이성애자 여자보다 테스토스테론 수치가 높고 에스트로겐 수치가 낮으며, 게이는 이성애자 남자보다 테스토스테론 수치가 낮고 에스트로겐 수치가 높다고 주장했다.

일부 과학자들은 테스토스테론이나 에스트로겐 같은 '성호르몬'이 분리시키기 전에도 이성애자와 동성애자는 구조나 생식선의 분비물에 차이가 있다고 믿었다. 이러한 가정들은 거세나 고환 이식 같은 다양한 외과적 수술이나 호르몬 요법을 통해 레즈비언과 게이를 '치료'하려는 시도로 이어졌다.[8](236쪽, '동성애 치료' 참조)

몸의 차이 이론을 근거로 동성애를 '치료'하겠다는 시도는 어떤 명확한 성공 사례가 없음에도 1970년대 후반까지 북미와 서구 유럽에서 계속되었다. 사실 테스토스테론 치료를 받은 대부분의 게이들은 욕망의 대상의 변화 없이 성 욕구만 증가했다.[9]

동성애 뇌

일부 연구자들은 동성애자와 이성애자의 차이가 '뇌' 안에 있다고 생각해서 최근에 심도 있는 연구들이 진행되었다.

1991년에 미국 '솔크 연구소Salk Institute'의 신경해부학자 사이먼 르 베이Simon Le Vay는 뇌의 작은 부분인 시상하부에 있는 특정 세포의 크기에 관한 연구를 발표했다. 골프공보다 약간 작은 이 시상하부는 성욕, 식욕, 심장 혈관 작용, 체온 조절, 스트레스, 감정 반응, 성장과 다른 기능들에 중요한 역할을 한다.

르 베이는 남자와 여자의 시상하부가 다르다는 데 주목했다. 많은 과학자들은 태아 발달의 특정 지점에서 인간의 뇌는 성에 따라 달라져서 남자와 여자의 뇌 구조가 다르다고 믿는다. 그러나 이 견해는 그 정도의 차가 미약해서 매우 논쟁적이다. 르 베이는 여기에 천착해 남자는 대부분 주로 여자에게 끌리고 여자는 남자에게 끌린다는 가정 아래 남자와 여자의 뇌 구조가 다른 부분에서 성적 취향이 나타날 것이라고 생각했다. 르 베이는 마흔한 명의 뇌를 조사했는데 그중 열아홉 명은 다른 남자와의 성 관계로 인해 인체면역결핍바이러스에 노출되었다는 의학 기록이 있는 에이즈 합병증으로 사망한 남자들이었다. 또한 에이즈로 사망한 다른 남자 여섯 명은 성적 취향이 밝혀지지 않았는데, 르 베이는 이들이 이성애자일 것이라고 추측했다. 다른 남자 열 명은 에이즈가 아닌 다른 이유로 죽었는데 이들도 이성애자로 추측되었다. 르 베이는 또한 모두 이성애자로 추측되는 여자 여섯 명의 뇌도 조사하였다. 이 중 한 명은 에이즈로 사망했다. 르 베이는 게이의 시상하부의 '간핵 3(INAH-3, 성호르몬을 분비하는 기능을 한다. 옮긴이)' 부분이 성 취향이 정해지지 않은 사람들보다 두드러지게 작았고 여자의 크기와 비슷하다는 사실을 밝혀냈다. 이는 게이의 간핵 3이 어떤 의미에서 '여성화' 되었다는 사실을 의미한다. 르 베이는 이 연구가 '무엇이 사람을 동성애자 또는 이성애자로 만드는가' 라는 질문에 대한 열쇠가 될 것이라고 주장했다.

그러나 르 베이의 연구는 도전을 받았다. 에이즈로 사망한 모든 남자 피실험자가 사망 당시 치료의 부작용으로 인해 테스토스테론 수치가 감소한 것이 간핵 3의 크기에 영향을 미쳤을 것이라는 점이다. 뇌의 크기가 실제로 에이즈로 인한 호르몬 비정상과 관련이 있을까? 다른 학자들은 연구에 포함된 에이즈로 사망한 이성애자 남자의 숫자가 이 가능성을 배제할 만큼 충분하지 않다고 주장했다. 레즈비언의 뇌는 연구에 포함되지 않았는데, 이 이론이 맞다면 그들의 간핵 3이 더 크다는 것을 증명해야 한다.[10]

동성애 유전자

섹슈얼리티가 유전된다는 생각은 적어도 중세 이후로 지속되었다. 최근에 이는 '동성애 유전자' 라 불리는 유전자를 추적하는 것으로 이어졌다.

이 분야의 대표적인 연구자는 미국의 '국립 암 연구소' 의 생물학자 딘 해머Dean Hamer다. 해머는 1990년대 초반에 게이의 가족을 연구하기 시작했다. 해머는 볼티모어의 동성애자 신문에 '동성애자 남자여, 당신은 동성애자 형제가 있습니까?' 라는 제목의 광고를 실었다.

해머는 게이 가족의 모계 유전의 유형을 연구하고 이 유형의 원인이 되는 유전자인 X 염색체가 있는 장소를 찾으려고 시도했다.

해머의 가장 중요한 연구 결과는 게이 가족의 모계 내 동성애의 증가율이다. 그러나 다른 연구자들은 이 결과의 유의미성에 의문을 제기했다. 모계와 부계 내에서 동성애 비율의 차이가 통계적으로 유의미하지 않다는 것이다. 이는 해머의 결론이 일반

인구 내의 동성애자 비율로 추정되는 2퍼센트에 기초하고 있기 때문이다. 만일 그 비율이 어떤 사람들이 주장하듯이 4퍼센트거나 그 이상이라면 해머의 결론은 통계적으로 유의미하지 않다.

1993년과 1995년 해머의 연구들은 인간의 동성애와 특정한 유전자인 X 염색체만을 연관시켰다. 해머는 마흔 쌍의 게이 형제들 중에 서른 세 쌍이 Xq28이라는 염색체 부분에 같은 디엔에이 서열을 가지고 있음을 발견했다. 1999년에 온타리오의 신경학자인 조지 라이스George Rice는 이 연구를 다시 했는데 쉰두 쌍의 게이 형제들의 디엔에이를 조사하여 Xq28 서열이 일반적 가능성에 의거해 예상했던 바보다 더 유사하지는 않다는 사실을 발견했다.[11] 동성애와 유전자가 관계있다는 견해를 믿는 라이스는 단순히 Xq28이 그 지점이 아니라고 생각하고, "동성애에서 유전적 요소에 대한 연구를 지속해야 한다."고 강조했다.

연구와 논쟁은 계속되었지만, 미국 심리학자 마이클 베일리 Michael Bailey의 여자, 남자 쌍둥이들의 동성애 연구 같은 다른 연구들은 베일리 자신이 인정했듯이 결론을 내리기에는 피실험자가 너무 적었다.

동성애를 '치료' 하려는 사람들

생물학적 설명이 차별에 대항하는 데 힘을 보탤 것이라 기대하는 일부 레즈비언이나 게이에게 '동성애 유전자'를 발견하는 것은 매우 중요하다. 동성애자 인권에 저항하는 단체에게도 또 다른 이유에서 중요하다. 이 단체들에게 라이스의 발견은 단지 그들이 지금까지 연구해 온 것처럼 동성애 유전자는 없으며 동성애는 학습하고 선택하는 행위이므로 법적 보호가 필요 없다는 주장을 확인해 주는 것에 불과하다.

동성애와 생물학적 연결성을 추적하는 것은 특히 미국에서 정치적으로 격론을 일으켰다. '가족 연구회'의 정책 분석가인 이베트 칸투Yvette Cantu는, "딘 해머의 연구는 수년 동안 동성애자 활동가들에 의해 사용되었다. 우리는 누군가가 성적 행위, 선택을 한다는 이유로 그 사람을 특별한 소수자로 위치시킬 수 없다."고 말했다. [12]

그러나 성적 취향이 어디에 기인하는가가 정말로 중요할까? 우리가 이를 주목해야 하는가? 성적 취향은 복합적인 기원을 지니고 있다. 어떤 이론은 어떤 사람에게 더 잘 맞을 것이고 또 다른 이론은 다른 사람에게 맞을 것이다. 우리들 중 일부는 모든 가능한 '설명'을 그럴듯하게 주장할 수 있을지 모른다. 다른 이론에 맞추기 위해 개인사의 편린들이 사용될 수도 있다. 궁극적으로, 그리고 대부분의 동성애자 권리 단체가 이에 동의하듯이 섹슈얼리티의 기원과 시민적·정치적·인간적 권리는 무관하다. 평등은 과학적 명분을 요구하지 않는다.

성적 취향에 대한 과학적 조사들은 흥미롭고 심지어 매혹적이고 연구자들에게 풍부한 연구 분야를 제공한다. 그러나 이러한 연구들의 주안점은 무엇인가? 일반적인 레즈비언, 게이, 양성애자와 그다지 관련이 없을 수 있다. 동성애자 권리에 반대하는 사람들은 추종하는 아젠다가 있다. 그리고 자신들의 입장을 뒷받침하는 데 의학을 사용할 수 없다면 다른 것들을 사용할 것이다.

예를 들어 호모포비아가 존재하고 성 소수자들이 완전한 시민권을 갖지 못한 사회에서 '동성애 유전자'를 찾는 것은 상당히 위험할 수 있다. 이것이 동성애자를 '치료'한다는 유전자 요법이 된다면? 출생 전 그 유전자를 발견하기 위해 검사를 해서 동성애자 태아를 유산시킨다면? 또는 동성애자 아기를 이성애자 아기로 바꾸기 위해 출생 전 요법이 사용된다면?

의학은 지금까지 레즈비언, 게이, 양성애자에게 양날의 칼로 존재해 왔다. 이는 다음에 다룰 트랜스젠더에게도 마찬가지다.

NO-NONSENSE

N

8

트랜스젠더의 세계

다양한 '제3의 성'

의사들이 대신 선택해 준 그/그녀

모호한 것은 기형이다?

젠더 정체성을 확립한다는 것

인도의 히즈라

감염과 폭력에 시달리는 트랜스젠더

젠더의 경계를 넘어서자!

하늘의 별처럼

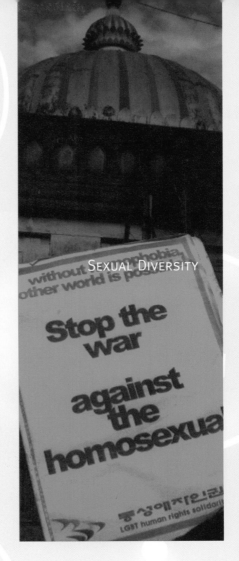

SEXUAL DIVERSITY

트랜스젠더에게 가한 의학계의 폭력은 무엇인가?
스스로 선택하기도 전에 성을 선택할 기회를 박탈
당해 버린 그/그녀들은 이제 어떻게 싸워야 할까?
그/그녀들이 자유로워질 수 있는 길은 있는가?

트랜스젠더의 세계

인간의 성을 남자와 여자라는 두 개의 범주로 나누는 것은 현실을 제대로 반영하지 못한다. 세상에는 '그'와 '그녀' 말고도 더 많은 젠더들이 있다. 인도의 히즈라를 비롯하여 트랜스젠더들은 '제3의 성'으로 간주되면서 대체로 기이하거나 교정되어야 할 대상으로 취급되었다. 그러나 오늘날 트랜스젠더들의 등장은 트랜스젠더 해방과 인권의 문제를 전면에 부각시키고 있다.

"딸이야 아들이야?" 이는 아기가 태어났을 때 가장 먼저 하는 질문일 것이다. 성기를 힐끔 보는 것이 보통 답이 된다.

우리는 사람을 처음 만났을 때 그 사람이 남자인지 여자인지를 자동적으로, 무의식적으로 파악하게 된다. 만일 잘 모르겠다면 힌트를 찾으려 할 것이다. 성별을 파악하는 것은 아주 중요해 보인다.

우리들은 대부분 성과 젠더를 두 개의 범주로 분류하도록 문화적으로 길들여져 왔다. 그러나 실제로 삶과 자연은 이보다 훨씬 복잡하다.

최근까지도 트랜스젠더 ■ 이슈에 대한 대부분의 일반 지식은 신문의 '충격적이고 공포스러운' 기사를 통해 알 수 있었다. 자신의 삶의 대부분을 '남자로 보낸 여자'에 대한 폭로이거나 그 반대다. 또는 덜 자극적으로 '성전환' 수술을 받은 사람의 자전적인 인터뷰를 실을 수도 있다. 자기 이야기를 하는 사람은 대부분 남자에서 여자로 성을 바꾼 사람이다. 이들은 어릴 때부터 자신이 '잘못된 몸에 갇혔다'고 느꼈다고 말한다. 영국의 여행 작가 잰 모리스Jan Morris는 많은 트랜스젠더를 만나면서 젠더가 생물학적인 것이라기보다는 '영적'인 것으로 느끼게 되었다는 자신의 경험을 기술했다.

오늘날 점점 더 많은 트랜스젠더들이 커밍아웃하고 있다. 이를 통해 트랜스젠더의 인권이 지금까지, 그리고 앞으로도 어떻게 억압받아 왔고 받을 것인지를 드러내고 있다.

커밍아웃한 사람들의 다양성과 이 주제에 대한 연구들은 기존에 상상했던 것보다 훨씬 복잡한 양상을 드러낸다. 수술을 받았

■ 깊이 읽기

트랜스젠더

육체적 성과 정신적 성이 일치하지 않는 사람을 지칭하는 말이다. 트랜스젠더 중 성전환 수술을 한 경우는 '트랜스섹슈얼'이라 부르기도 한다. 모든 트랜스젠더가 반드시 성전환 수술을 할 필요가 없다는 점에서 트랜스섹슈얼은 지나치게 성적인 면을 강조한 것으로 평가되기도 한다. 옮긴이

▶성적소수자사전. http://kscrc.org/bbs/zboard.php?id=press_dictionary ⓒ한국성적소수자문화인권센터 2002~2004 참조.

건 받지 않았건 많은 트랜스젠더들이 게이거나 레즈비언이기도 하다는 사실은 특히 이성애 중심성을 혼란스럽게 한다.

훨씬 더 풍부하고 다양한 현실이 존재한다. 여자에서 남자로 성전환한 사람과 남자에서 여자로 성전환자한 사람, 이성 복장 착용자 또는 이성 복장 선호자, 간성 또는 자웅동체, 거세된 남자(인도의 히즈라) 들을 포함한다. 자신의 생물학적 성과 다른 젠더로 살아왔지만 신체를 바꾸기 위해 아무것도 하지 않은 사람도 있고, 수술과 호르몬 요법 같은 부분적인 또는 전반적인 성전환을 한 사람도 있으며, 호르몬 요법만 선택한 사람들도 있다. 또한 동성애, 이성애, 양성애라는 다양한 성적 취향도 있다.

이것들이 그다지 복잡해 보이지 않는다면, 어떤 트랜스젠더는 자신을 '남자에서 남자로' 또는 '여자에서 여자로'라고 설명하기도 한다는 사실은 어떠한가? 이는 자신의 사회적 또는 생물학적 성별과 상관없이 자신이 원래 자신의 젠더라고 느꼈다는 것을 드러내기 위함이다. 가능성과 정의는 무한해 보인다. 많은 사람들이 단순하고 총괄적인 용어인 '트랜스젠더'를 사용한다.

인류학적 연구는 언제나 명확히 해석할 수 있는 것은 아니지만 트랜스젠더들이 자신을 문화적으로 매우 분명하게 표현했음을 밝혀냈다. 페루의 트랜스젠더는 인도네시아의 트랜스젠더와 다르고, 북아메리카에서 트랜스젠더가 되는 것은 나미비아에서의 경험과 다르다. 그러나 트랜스젠더가 많다는 사실은 명백하며 이들이 벽장에서 나오면서 젠더에 대한 고정된 생각에 어느 때보다 더 근본적으로 도전하고 있다.

치치는 도미니카공화국에서 살고 있다.

"내가 무엇을 느끼던 그것이 바로 나다. 나는 소녀로 태어났지만 어느 날 그 소녀는 죽었고 소년이 태어났다. 그 소년은 내 안에 있던 소녀에서 나왔다. 나는 내 자신이 자랑스럽다. 많은 사람들이 사실 우리를 부러워한다."

이것은 '그/그녀' 가 1997년에 롤란도 산체스Rolando Sanchez 감독과 〈게보테Guevote〉라는 다큐멘터리에서 인터뷰한 내용이다. 이 다큐멘터리는 치치와 보니 두 사람의 '준-자웅동체'의 일상과 가족, 연인, 마을 사람들의 반응을 담고 있다.

그들은 혼자가 아니다. '준-자웅동체'는 도미니카공화국에서 1970년대 초기에 처음 발견되었다. 처음 발견된 준-자웅동체들은 스물세 가구의 대가족과 네 세대가 포함된 서른여덟 명의 사람들로 추정된다. 치치는 자기 어머니의 열 명의 자녀 중 셋은 딸, 셋은 아들 그리고 넷은 '이 특별한 이들'이라고 말했다.

"나는 애를 낳기 전에 이런 사람들이 있다는 사실을 알고 있었어요. 하지만 이런 일이 나에게 일어날 줄은 생각도 못 했습니다. (…) 나는 아이들에게 자신의 운명을 받아들이라고 말했어요. 왜냐하면 이것은 신이 이끄는 바이기 때문입니다. 진짜 남자는 여자로 태어난 애들보다 종종 더 못하다고 말했는데 그래서 이런 일이 생긴 것 같아요. 진짜 남자인 나의 아들들은 다른 자식들보다 못했어요." [1]

●잠복 고환─고환은 태생기 8개월부터 복부에서 생기기 시작해 4개월이면 정상 고환과 같은 모양을 이룬다. 신장에서부터 내려오기 시작해서 7개월이 넘으면 음낭 안의 정상 위치로 내려오게 된다. 잠복 고환은 고환이 음낭 안에 위치하지 않은 경우를 말하는 것으로 한쪽 또는 양쪽 고환이 음낭으로 내려오는 것이 정지되어 있는 상태다. 옮긴이

의학은 이들에 대해 남자의 외부 성기를 발달시키는 테스토스테론이 태아일 때 잘 분비되지 않은 것으로 설명한다. 이들은 음순처럼 생긴 음낭, 클리토리스처럼 생긴 음경, 잠복 고환을 가지고 태어났다.

도미니카공화국의 트랜스젠더 활동가이면서 작가이기도 한 재커리 나타프 Zachary Nataf는 이렇게 태어난 많은 아이들이 처음에 여자로 생각되어 여자로 키워진다고 말한다. 그러나 이들은 유전적으로 남자기 때문에 사춘기 때 음경이 자라고 고환이 내려오는 등 남자의 2차 성징이 나타난다. 마을 사람들은 이 아이들을 '열두 살의 불알'이라는 뜻의 '게베도케guevedoche'라고 부른다.[2]

어떤 과학자들은 이 현상이 성별 정체성을 발전시키는 데 있어서 호르몬이 문화보다 훨씬 중요하다는 사실을 단번에 증명하는 이상적인 '자연 실험'이라고 생각한다. 줄리안 임페라토-맥긴리 Julliane Imperato-McGinley가 이끄는 연구 팀은 의학적 또는 사회적 개입이 없는 자연 방임 상태에서 이 아기는 여자로 길러졌다 하더라도 사춘기가 되면 자연스럽게 남성 젠더 정체성을 발전시켜

갈 것이라고 예상했다.[3)]

그러나 이 단순한 접근에 모든 사람들이 동조한 것은 아니었다. 민족지학자 길버트 허트Gilbert Herdt는 게베도케들이 공중목욕탕에서 소녀들의 성기를 보고 자신들이 다르다는 사실을 알게 된다고 지적했다. 세대를 거치면서 게베도케에 익숙한 마을 사람들은 그들을 '제3의 성'으로 분류하고, '남자-여자'라는 뜻의 '마키-엠브라machi-embra'라고 부르기도 한다.[4)] 그러나 사춘기 후에 모두가 남성 정체성을 받아들이는 것은 아니다. 다큐멘터리 〈게보테〉에서 보니는 게베도케인 로렌자의 얘기를 했다.

"로렌자는 여자로서의 기회가 더 많았어요. 많은 남자들이 로렌자를 사랑했어요. 로렌자는 언제나 여자 옷을 입었고 머리가 길었어요. 로렌자는 남자들이 자신을 사랑하는 걸 좋아했어요. 그래서 남자가 되고 싶어 하지 않고 여자로 있고 싶어 해요."

이 공동체는 인간 본성의 한 부분으로 '제3의 성'의 존재를 인정하고 그들을 수용하기 위해 걸맞은 젠더 역할을 만들었다. 이러한 상황에서 보니가, "내가 이게 좋다면 신도 이유를 아실 거예요. (…) 내가 기분이 좋다면 왜 바꿔야 하지요? 나는 이렇게 자랐는데 왜 다른 걸 찾겠어요?" 하고 말할 수 있는 것이다.

의사들이 대신 선택해 준 그/그녀

서양에서는 대부분 젠더의 모호성에 대해 이처럼 수용하는 자세를 보이지 않았다. 오히려 이와는 딴판으로 이분법적 규칙을 지니고 있었다. 트랜스젠더 활동가 레슬리 페인버그Leslie Feinberg 의 말을 빌리자면 우리는 남자 또는 여자라는 '두 개의 좁은 문' 에 직면한다. 그러나 어떤 이들은 이 길에 맞지 않는다. 이들은 공문서에서 '남자' 또는 '여자' 칸 어디에도 표시할 수가 없다. 이들은 이분법적 모델에 맞지 않는다면, 또는 맞도록 만들어지지 않는다면 공식적으로 존재하지 않는다.

1950년대에 미국과 유럽에서 간성적인 아이들의 모호한 성기 를 교정하려는 시도가 지속적으로 행해지면서 젠더 정체성과 역 할이 생물학적으로 결정되는가, 아니면 문화적으로 결정되는가 에 관한 논쟁이 일었다.

매릴랜드의 존스 홉킨스 대학병원의 존 머니John Money와 동료 들은 간성 아이들, 트랜스섹슈얼, 그리고 성적으로 다양한 사람 들에 대한 접근에 큰 영향을 미쳤다.

머니는 1963년 일란성 쌍둥이 형제 중 한 명이 생후 7개월에 포 경수술을 받다가 사고로 성기를 잃게 되자 부모에게 아이를 여자 로 성전환 수술을 시키라고 권유하였다. 아이는 성기를 여자 성기 모양으로 만드는 수술을 받았고 사춘기에 여성호르몬을 맞았다.

1973년에서 1975년 사이에 머니는 이를 완전히 성공적이라고 보고하였고 이는 향후 이십 년 동안 중요한 사례가 되었다. 이 사 례로 '너무 작은' 음경을 가진 남자 아기가 '가능한 한 완벽한 여 자로 성장하도록' 세 살이 되기 전에 음경과 고환을 제거하여 여 자로 전환시키는 수술을 받도록 부모에게 권유하는 경우가 생겨 났다. 이 사례는 삶의 질이 이성애적 삽입에 좌우된다는 사고에 기인하고 있다. 존스 홉킨스 팀은 그 쌍둥이 두 명 모두 '추적하는 데 실패'했다고 보고했다.

그러나 이는 사실이 아니었다. 수술을 받은 쌍둥이는 여자아이처럼 행동하거나 느끼지 않았고 열두 살에 에스트로겐 처방을 거부했다. 주위에서 수술을 받아서 여자로 살지 않으면 결코 애인이 생기지 않을 거라고 계속 설득했음에도 생후 1개월 때 수술로 만든 질을 깊게 하기 위한 추가 수술을 거부했다. 열네 살에는 존스 홉킨스에 돌아가기를 거부했고 동네 의사를 설득하여 유방 절제술, 남근 형성술을 받고 남성호르몬을 맞았다. 그는 이제 성인 남자로 살고 있다.[5]

모호한 것은 기형이다?

보통 '자웅동체'라고 칭하는 간성은 일반적으로 남자와 여자 사이 어딘가에 위치한 성기를 지니고 태어난다. 신화에서처럼 완벽한 두 개의 성기를 모두 지니고 있는 경우는 거의 없다. 이렇게 태어나는 신생아의 숫자는 대부분의 사람들이 짐작하는 것보다 훨씬 많아서 미국에서 가장 높은 추정치는 신생아의 4퍼센트였다. 이는 해마다 천만 명에 달하는 숫자다.[6]

'미국 간성 협회Intersex Society of North America'에 의하면 이천 명의 신생아 중 한 명꼴로 모호한 성기를 지니고 태어나는데, 그 원인은 이십여 가지에 이른다고 한다. 미국에서 이러한 간성 환자들을 하나의 성으로 전환시키기 위한 수술이 매년 이천 건 이상 시행되고 있다. 간성 협회는 동의 의사를 표명할 수 없는 아기에게 성형 수술을 시키는 것은 비도덕적이라고 간주하고 이에 대한 반대 캠페인을 벌이고 있다.

의사들은 남자 또는 여자의 성과 젠더를 수행하는 사람에게만 삶의 질이 보장된다고 믿는다. 그러나 간성 협회의 창립자인 체릴 체이스Cheryl Chase는, "대부분의 사람들은 수술 없이도 잘 살 것"이라고 믿는다. 체이스 자신도 모호한 성기를 지니고 태어났는데, 의사가 사실은 체이스가 여자니 커진 클리토리스를 제거하라는 권유를 한 18개월까지 남자아이로 길러졌다고 한다. 무슨 수술이었는지는 나중에 알았지만, 여덟 살에는 난소 고환(난소와 고환을 모두 가지고 있는 경우. 옮긴이)의 고환 부위를 제거하는 수술을 받았고 지금은 여자로 살고 있다. 체이스는 수술 이후 조직이 손상되어 클리토리스의 감각이 없어져 오르가즘을 느끼지 못하게 되었다. 체이스는, "우리가 '성기 절단'이라는 용어를 제3의 세계에 속한 사람들에게 적용하기는 쉽지만, 우리 세계에서 자격 있는 의사에게 성기 절단을 받게 되면 이는 과학적 신빙성이라는 아우라를 갖게 된다."고 말했다.[7]

어린 시절 설명을 제대로 듣지 못한 채 반복적으로 검사와 수술을 받고 고통과 감염에 시달려야 했던 많은 간성들이 체이스와 같은 경험을 했다. 이런 경험은 사십여 년간 지속되기도 했다. 대부분의 경우 그 어린이들의 '추적에 실패'한다. 이는 수술의 효과나 앞으로의 방향에 관한 신빙성 있는 의학적 데이터가 없음을 의미한다.

성기 성형 수술은 모호한 성기 모양을 '정상화' 하기 위해 시술된다. 의사들은 이 수술을 의학적이라기보다는 '심리적 · 사회적 위급성'을 완화시키려는 시도로 보고 있다. 의사들은 간성 어린이와 가족, 친구들이 차이를 받아들이는 데 도움을 주기 위해 상담을 하기보다는 그들을 휘저어 놓은 후 가능한 의학적 기술로 진정시킨다. 모호한 성기는 '기형'으로 간주되고 수술로 '교정' 된다. 그러나 어린 시절에 이러한 수술을 경험한 간성들은 수술 전에 '멀쩡' 했는데 수술 후 거세되었다고 느낀다고 말한다.

또한 아이들은 속기도 한다. 열두 살에 몸이 변하기 시작하자 암에 걸렸기 때문에 난소를 제거하는 수술을 받아야 한다는 말을 들은 소녀의 경우는 전형적인 예다. 실제로 그녀가 받은 수술은 클리토리스와 아래로 내려오는 고환을 제거하는 수술이었다.

"기둥을 세우는 것보다 구멍을 파기가 더 쉽다."는 속담은 대부분의 간성들이 여자로 만들어지는 이유를 설명해 준다. 남자로 인정받을 수 있는 기준은 음경의 길이가 최소한 2.5센티미터가 되어야 하지만 여자가 되기 위해서는 클리토리스의 크기가 적어도 0.9센티미터이기만 하면 된다. 심리학자 수잔 케슬러Suzanne Kessler는 0.9센티미터에서 2.5센티미터 사이의 모호한 성기를 지닌 아기들은 성을 정하기가 곤란하기 때문에 수술을 받아야 한다고 말한다. 부모들이 문제를 인지하지 못하는 경우에도 의사들이 수술을 강요한다. 수술이 항상 성공적인 것도 아니고 성장 단계에 따라 반복적으로 수술을 받아야 함에도 6주밖에 안 된 여아가 질을 깊게 하는 수술을 받기도 한다.[8] 수잔 케슬러는 "성기의 모호함은 '교정' 되어야 하는데 이는 아기의 삶을 위협하기 때문이 아니라 아기가 태어난 문화를 위협하기 때문이다."고 적고 있다.

1994년에 체이스와 동료들은 『입장을 지닌 자웅동체들 *Hermaphrodites with Attitude*』이라는 소식지에 사례들을 모으기 시작했다. 첫 번째 소식지는 모든 복사본 표지에 수작업으로 코를 빨간색으로 칠한 루돌프 사슴을 실었다. 함께 실린 기사에서는 간성 성기 수술에 관한 의학서를 풍자하여 루돌프의 코가 기형이라는 논의를 하고 있다. '뛰어난 성형의 결과'라는 캡션을 단 '수술 후' 삽화에는 명백히 불구가 되어 눈물을 흘리고 있는 루돌프가 그려져 있다.[9]

'교정' 수술에 대해 의문을 제기하는 의학 전문가들도 있다. 존스 홉킨스 대학의 소아청소년심리학 조교수인 라이너Reiner 박사는, "신체에서 가장 중요한 성 기관은 뇌"라고 지적하며 성기를 지나치게 강조하는 태도에 대해 경고하였다.[10]

젠더 정체성을 확립한다는 것

사실 젠더 정체성을 확립하는 것은 대부분의 사람들이 상상하는 것보다 훨씬 더 복잡하다. 본질적으로 절대적인 것은 없고 단지 통계적인 가능성만 있을 뿐이기 때문이다. 인간은 모두 동일한 배아에서 시작하여 Y 염색체의 유무에 따라 성별이 달라진다. Y 염색체는 테스토스테론을 생산하고 뇌에 영향을 미치며 고환을 형성한다. 발달하지 않은 다른 부분은 몸에 퇴화 형태로 남아 있다.

사람의 생물학적 성을 결정하는 데는 여러 가지 요소가 관여한다. XY 성염색체, 에스트로겐, 테스토스테론 같은 성호르몬, 난소와 고환 같은 생식기관, 질, 음경 같은 성기, 정자 운반, 수정, 임신, 수유 같은 출산과 관련된 성, 자궁이나 전립선 같은 내부 기관 등이 여기에 관여한다.

이 요소들이 언제나 서로 일관된 것은 아니다. 실제로 과학자들은 모든 사람이 어딘가에서 연속성을 상실한다는 사실을 인정한다. 그러나 만일 염색체적으로나 호르몬적으로 백 퍼센트 남자거나 여자인 사람이 있다면 이는 매우 드문 경우기 때문에 번번이 테스트를 받게 될 것이라는 점을 아는 사람은 많지 않다. 당신이 올림픽에 출전하기를 원하지 않는 한 당신이 성염색체 테스트를 받아야 하는 경우가 어디 있겠는가? 비록 이것이 불공평하고 믿을 수 없다는 이유로 폐기되기는 했지만 말이다. 영국의 『스포츠 의학 잡지Journal of Sports Medicine』는 오백 명의 운동선수 중 한 명이 성염색체 테스트를 통과하지 못할 것이라고 주장했다.[■] 이는 염색체 변이가 반드시 외모에 영향을 미치는 것은 아니기 때문이다. 테스트를 통해 한 운동선수가 경기에 나갈 수 있는 여자가 아니라고 판명되더라도 이것이 반드시 그녀를 일상에서 남자로 만드는 것은 아니다. 성을 나타내는 다른 징표도 비슷한 변이를 지니고 있다. 심지어 출산 능력조차 명백한 징표가 아니다. 어떤 간성들은 아이를 낳고 산다. 남자와 여자 사이의 소위 생물학적 선은 실제로 매우 불분명하다.

영국의 트랜스젠더 활동가이자 학자인 스테펜 휘틀Stephen Whittle은, "최근의 의학은 일흔 종류 이상의 다양한 간성 증후군을 인정하였다. 이백 명의 아이들 중 한 명 정도가 일종의 간성 자궁을 지니고 태어난다. 어떤 이들은 죽을 때까지 모를 수도 있고, 또 어떤 이들은 나중에 산부인과에 가서 알게 될 수도 있다. 더욱이 뇌의 성 결정을 연구하는 '네덜란드 브레인 뱅크Netherlands Brain Bank'는 트랜스섹슈얼들이 자신이 속해 있는 성별의 뇌의 성을 지니고 있다는 점에서, 남자와 여자의 뇌의 성이 다르다는 가정을 뒷받침하기 때문에 육체적 간성 증후군에 포함될 수 있을 것이라고 본다."고 썼다.[11]

■ 깊이 읽기

산티 순다라얀의 메달 박탈

인도의 산티 순다라얀은 2006년 도하 아시아경기대회 여자 육상 800미터 경기에서 2위를 차지했다. 하지만 도핑 검사에서 남성 염색체가 과다한 것으로 나타나 '성별 이상'을 근거로 은메달을 빼앗겼다. 순다라얀은 물론 가족들도 이런 사실을 몰랐다고 했다. 아시아올림픽평의회는 지독한 가난 탓에 영양결핍으로 고생하다 운동을 택한 순다라얀의 투혼을 높이 사 상금은 돌려주지 않아도 된다고 결정했으나, 순다라얀은 의학적으로 "불행한 생물학적 기형을 타고났다."는 선고를 받아야 했다.
 1999년부터 트랜스젠더의 올림픽 출전 문제를 논의해 온 국제올림픽위원회는 2004년에 트랜스젠더의 올림픽 출전을 허용하기로 최종 확정했다. 성전환 수술을 받은 지 2년이 지나야 되고, 법률적으로 성전환자임을 인정받으면 트랜스젠더라도 출전이 가능해진 것이다.

성도 마찬가지다. 그러나 성과 젠더는 다르다. 성은 생물학적인 것이고 젠더는 사회·문화·심리·역사적인 것이다. 젠더는 사회에서의 역할, 직업, 옷 입고 행동하는 양식을 나타내는 데 사용된다.

사람의 젠더는 태어나면서 정해진다. 출생 카드에 기록되는 '남아' 또는 '여아'가 평생 동안 그 아이에게 일어나는 사회적인 거의 모든 것에 영향을 미친다.

인도의 히즈라

모호한 성기에 대한 반응은 문화마다 다양했다. 두 개의 성, 두 개의 젠더 모델은 결코 보편적이지 않았다.

1930년대 아메리칸 원주민 나바호Navajo 족은 가장 인간적이고 열린 태도를 보였다. 나바호 족은 남자, 여자, 그리고 자웅동체를 의미하는 나들nadle, 이렇게 세 개의 범주로 성별을 분류했다. 나들은 특별한 지위와 특정한 임무를 지니고 있었고 옷 입는 스타일도 특이했다. 나들은 지혜와 기술을 지니고 있어서 종종 상담자의 역할을 맡았다. 다른 아메리칸 원주민 마을에는 버다치 berdache로 알려진 이들도 있었다.(3장 참조) 버다치가 되는 사람은 영적이거나 개인적인 이유로 제3의 성으로 이동한다. 이들은 자신의 몸을 바꾸지 않는다. 성을 바꾸지 않고 젠더를 바꾸는 것은 몸에 상관하지 않는 문화적인 승인이 있기에 가능하다. 이들이나 이들의 애인, 파트너에게 어떤 낙인도 찍히지 않는다.

인도의 히즈라는 2천5백 년의 역사를 지니고 있다. 근래에 '제3의 성' 카스트로 알려진 히즈라는 자웅동체, 거세된 남자 또는 '신성하고 에로틱한 여자-남자'로 번역된다. 어떤 이들은 간성으로 태어나고 또 어떤 이들은 거세되었다. 인도 사회는 광범위한 이성 복장 착용자 동성애 성 판매자와 모신 바후짜라 마따를 믿는 종교 신자도 히즈라에 포함시킨다.[12]

인도에서 히즈라는 제3의 성으로 간주되고 사회에 이들의 자리가 마련되어 있다. 히즈라는 타락한 여자, 성 판매자, 주변인 등과 관련되어 다소 신임을 받지 못해 일반적으로 좋은 자리를 얻지는 못한다. 그러나 히즈라는 파괴적인 힘을 지니고 있다. 인도인들은 히즈라 음유시인을 결혼 같은 중요한 행사에 초대하지 않거나 다소 외설스러운 히즈라의 노래와 춤에 돈을 지불하지 않으면 재수가 없다고 생각한다. 인류학자 세리나 난다Serena Nanda는 자신의 권위 있는 연구에서 히즈라가 돈을 벌기 위해 어린이를 축복하고 어른을 저주할 수 있으며, 히즈라는 생과 사에 대한 상징적인 통제를 행사하는 권력을 지니고 있다고 쓰고 있다.

히즈라는, 자웅동체로 태어난 아이들과 히즈라가 되기를 갈망하는 사람들이 자신들과 같은 카스트에 속해야 한다고 주장한다. 난다는 히즈라와 트랜스섹슈얼을 비교 분석하여 서양에는 일반적으로 '제3의 성'이라는 범주가 없기 때문에 트랜스섹슈얼이 존재의 위협을 경험하고 있다고 적고 있다.[13]

현재 많은 히즈라들이 성 매매에 의존하고 있다. 어떤 인도 남자들은 히즈라가 여자들이 꺼리는 성 행위에 동의하기 때문에 히즈라와의 성 관계를 '선호' 하기도 한다. 세리나 난다와 인터뷰를 하면서 자신의 동성애 때문에 히즈라가 되기로 선택했다고 말한 이들도 있었다. "우리는 남자에 대한 성적 욕망 때문에 여자처럼 옷을 입어요." 다른 히즈라 중에는 빚 수금 대행업자로 생계를 꾸리는 사람도 있었고, 심지어 경찰에서 경력을 쌓은 사람들도 있었다.(238쪽, '정치인이 된 거세된 남자' 참조)

파푸아뉴기니의 동부 고지대에 사는 삼바Samba 인 중에는, "여자 같은 것에서 남자 같은 것으로 변형" 이라는 의미의 '크월루-아틈월kwolu-aatmwol' 이라는 제3의 성이 있다. 이들은 '5-알파 리덕테이즈 효소 결핍' 으로 불리는, 드문 자웅동체라는 점에서 의학적으로 도미니카공화국의 게베도케와 유사하다.

인류학자 길버트 허트는 1970년대에 삼바 사람들을 현지 조사한 것을 바탕으로 독창적인 에세이 모음집 『제3의 성, 제3의 젠더Third Sex, Third Gender』를 출판했다. 허트는 '크월루-아틈월' 이 태어날 때 살해되는 경우도 있지만 대부분 있는 그대로 받아들여져서 몇몇은 남성으로 길러진다는 사실을 발견했다. 그들은 자신들의 독특한 정체성에 여성스러운 요소들을 간직하고 있지만 이것이 존경받는 샤먼이나 전쟁 지도자가 되는 데 지장을 초래하지는 않았다. 또 다른 '제3의 성' 의 예로는 필리핀 세부의 '바요트bayot' 또는 '라킨온lakin-on', 인도네시아의 '와리아waria', 타히티의 '마후mahu' 등이 있다.[14]

그러나 거의 전 세계에서 강력한 금기가 두려움과 차별을 뒷받침하고 있다. 트랜스젠더 활동가 재커리 나타프Zachary Nataf는,

"성적으로 모호한 몸은 위협적이다. 아마도 일반적인 성기를 지니고 있는 사람들보다 성적인 잠재력을 지니고 있는 것으로 보이면서 욕망을 자극하기 때문일 것이다. 아마도 성과 젠더의 가변성은 일종의 공포 또는 젠더 혼란을 야기할 것"이라고 말했다.

원인이 무엇이든 간에 의학 전문가와 다른 이들은 의학적·기능적으로 어려움이 없어 보이는 경미한 상태에 과감한 수술 치료를 권유하는 것으로 끝내고는 했다.

나타프는, "자기 아이의 '불완전함'에 대한 고통과 고민을 치유하려는 노력과 어려워도 아이를 기르겠다는 부모의 신념과 열정은 어떻게 되는 것인가? 만일 전문가들이 정해 준 것과 다르다면 아이의 권리, 특히 자신의 젠더 정체성을 결정할 수 있는 아이의 권리는 어떻게 되는 것인가?" 하고 질문했다.

콜롬비아는 얼마 전 이러한 경우에 아이의 권리를 법으로 보장하였다.[15]

감염과 폭력에 시달리는 트랜스젠더

트랜스젠더는 여러 면에서 특히 취약하다. 대부분의 국가가 트랜스젠더의 권리를 보호하지 않아서 고용에서 차별을 받는다. 이들은 자격이 되더라도 직업을 갖지 못한다.

상대적으로 매우 많은 엠티에프 트랜스젠더들이 구직의 어려움 때문에 또는 수술비를 벌기 위해 성 매매에 종사한다. 이로 인해 트랜스젠더들은 인체면역결핍바이러스 감염과 폭력에 더 취약해진다.

　트랜스젠더는 극심한 폭력에 노출되어 있는데, 특히 일부 라틴아메리카 국가들에서 심하다. 1991년과 1994년 사이에 멕시코에서는 이성 복장 착용자 성

● 엠티에프 트랜스젠더─육체적 성은 남자지만 자신을 여자라고 생각하는 사람을 일컫는다. 'male to female'을 줄여서 MTF라고 표기한다. 옮긴이

노동자가 대부분이었던 열두 명의 성 소수자 남자가 치아빠스 주의 툭스틀라 구티에레스Tuxtla Guttierez에서 살해되었다. 활동가들은 다른 유사 범죄와의 관련성을 주장했지만 경찰은 관련성을 조사하지 않았고 아무도 고소되지 않았다. 또한 구류 중에 죽는 사람들과 경찰이 추행했다는 보고가 증가하고 있다. 2000년 2월에 아르헨티나의 코르도바에서 바네사 레데스마Vanessa Ledesma가 구류 중 사망한 사건은 정황이 의심스러웠지만 경찰은 사건의 진위를 밝히자는 캠페인을 위협했다. 2001년에 베네수엘라 카라보보 주의 트랜스젠더 단체는 트랜스젠더 공동체에서 탁월한 인물이었던 다야나(Dayana, 본명은 호세 루이스 리에베스Jose Luis Lieves)가 살해된 뒤 경찰의 협박과 추행이 늘었다고 보고했다.

　성적·육체적 학대도 흔해서 구속된 이들은 옷이 벗겨지고 구타를 당하거나 성적인 행동을 강요받는다. '국제사면위원회'는 트랜스젠더들이 그들의 정체성의 핵심적인 면에 타격을 가하는 공격을 받는다고 보고했다. 예를 들어 엠티에프 트랜스젠더들은 광대뼈나 유방의 보정물이 터지도록 구타당하는 경우가 많다. 가끔 흘러나온 독성 물질로 인해 건강이 심하게 나빠지기도 한다.[16]

　터키의 이스탄불 같은 지역의 이성 복장 착용자 공동체 또한

다야나의 죽음

2000년 7월 베네수엘라의 카라보보 주의 발렌시아에서 두 명의 남자가 갑자기 다야나(호세 루이스 리에베스)의 집에 뛰어 들어와 총을 쐈고 다야나는 치명상을 입었다.

다야나의 사망은 그녀가 법의 보호를 받지 못한 처형의 희생자임을 보여 준다. 다야나가 살해될 당시 그녀는 앞서 주 경찰관이 쏜 총에 맞아 괴로워하고 있었다. 트랜스젠더 옹호 조직 '인격 존중Respeto de la Personalidad'은 발렌시아에서 특히 경찰에 의한 희롱이 흔히 일어난다고 보고했다. 경찰은 트랜스젠더의 머리와 손톱을 강제로 잘랐고 경찰 앞에서 성적 행위를 거부한 이들을 반라 상태로 도시 외곽으로 쫓아냈다. 카라보보의 경찰 사령관은, "동성애자와 성 판매자는 경찰의 단속을 받아야 한다. 그들은 거리에서 자유롭게 다닐 수 없다."고 말했다.

▶출처―International Gay and Lesbian Human Rights Commission website
　　www.iglhrc.org

경찰에게 반복적으로 폭력과 성적 학대를 당하고 있다.

트랜스젠더들은 상상할 수 있는 모든 방법으로 일상적으로 차별받고 있다. 그들에게는 의료 서비스를 받는 것 자체가 고통일 수 있다. 굴욕적인 대우를 받았다는 보고가 끊이지 않는다. 그 결과 아파도 병원에 가기를 포기하는 이들이 많다. 많은 국가에서 트랜스젠더들은 수술 후에도 중요한 서류에 그들의 젠더가 바뀐 것이 반영되지 않아 결혼도 할 수 없고, 모욕을 받으며, 거짓 문서를 사용했다는 혐의로 구속되기도 한다.

젠더의 경계를 넘어서자!

젠더 경계를 넘은 사람들의 광범위한 연대인 '트랜스젠더 운동Transgender Movement'이 이분법적 젠더 모델의 잔혹한 견고함과 인권 남용에 대한 도전을 시작하였다.

자신의 젠더 정체성과 생물학적 젠더가 갈등하는 트랜스젠더들은 주로 성전환 수술을 통해 몸과 성 역할, 성 정체성을 일치시키고자 한다. 그러나 자신의 젠더 정체성의 핵심을 양보하지 않지만 수술에 반대하는 트랜스젠더들이 증가하고 있다. 이는 간단하다. 어떤 남자들은 음경이 없고 질이 있으며, 어떤 여자들은 음경이 있고 질이 없다는 것이다.

점점 더 많은 트랜스젠더들이 밖으로 나오고 있고, 새로운 사회적 운동을 만들어 가고 있다. 재커리 나타프의 말을 들어 보자.

"나는 에프티엠 트랜스젠더로서 단순한 남자처럼 '통과' 시키지

● 에프티엠 트랜스젠더—육체
적 성은 여자이지만 자신을
남자라고 생각하는 사람을 가
리킨다. 'female to male' 을 줄
여서 FTM이라고 표기한다. 옮
긴이

않고 차별 철폐와 트랜스젠더 자부심을
진작시키는 캠페인을 하기 위해 '나옵니
다.' 나는 트랜스섹슈얼이 되고자 한 것
도 아니고, 사회의 억압적인 젠더 체계에
저항하기 위해 젠더 역할을 바꾸지도 않
았습니다. 나는 젠더적인 존재로서 진정

성을 얻고, 내 안 깊숙이 자리 잡고 있는 느낌을 표현하기 위해
수술을 했습니다. 수술을 하면서 나는 더 충만하고 진정한 내
가 되었습니다. 이를 위해 내 몸이 지니고 있던 사회적인 규범
의 상징을 버렸습니다. 자연스럽지 않은 것은 트랜스젠더들이
아니라 경직된 규범입니다."

트랜스젠더들은 반드시 남자 또는 여자 둘 중에 하나여야 하는
사회에서 법적 인정과 권리를 획득하기 위해 노력하였고, 라틴아
메리카에서는 경찰의 희롱에 이의를 제기하는 등 구체적인 투쟁
을 하였다. 영국은 「유럽 인권 헌장」에 저촉됨에도 수술을 받은
트랜스젠더들을 출생신고서에 기재된 성별에 법으로 묶어 두고
있다. 반면에 뉴질랜드에서는 완전한 권리를 부여한다. 미국에서
는 젠더 불순응자들이 아직도 '미국 정신 의학회' 의 『정신장애
진단 및 통계 편람』 명단에 포함되어 있다.

하늘의 별처럼

합법적인 정치적 분노가 수치와 은밀함을 대체하고 있다. 활동

가들이 질문을 제기하고 답변을 요청하고 있다. 트랜스젠더 활동가 재미슨 그린Jamison Green은, "젠더와 성기는 다양성이나 변화를 좀처럼 수용하지 못하는 사회적 질서에 모든 사람을 묶어 놓는 통제의 근거다. 누군가가 우리를 옥죄고 있고 그 손을 놓지 않는다. 누군가는 누구인가? 통제를 잃는 것을 그렇게 두려워하는 이는 누구인가?" 하고 말했다.[17]

학자들은 과거에 학계에서 연구 대상이 아니었던 분야를 개척하고 있다. 길버트 허트는 당연시했던 두 개의 성, 두 개의 젠더 모델 패러다임을 비난하면서, "얼마나 많은 성과 젠더가 존재해 왔는가?"라고 물었다. 허트의 도전은 다윈과 프로이드 같은 혁신자들의 사고까지 견제하며 서구 사고에 퍼졌다.

사실, 두 개의 성 체계에서 벗어날 수 없는 것이 아니다. 허트는 이것이 재생산을 중시하는 사회의 산물이라고 결론 내렸다. "우리는 인류학과 욕망의 사회적 역사를 통해 사람들의 삶의 실재를 이해하는 데 좀 더 가까이 다가갈 수 있을 것이다."[18]

트랜스젠더들을 위한 공간이 열린 것처럼 트랜스젠더 자신들에 의해 실재가 만들어지고 있다. 자신의 정체성에 맞추기 위해, 수술을 통해, 자웅동체의 몸을 가지고 양쪽의 젠더 또는 혼종 젠더로 살기로 선택한 트랜스젠더와 간성이 늘고 있다. ▪ 활동가 마이클 헤르난데즈Michael Hernandez는, "나는 균형감, 평화를 발견했다. 나는 남자 이상이며 또한 여자 이상이다. 나는 남자도 아니고 여자도 아니지만 둘 다를 포함한다. (…) 나는 단지 나다. 명칭에 들어맞는 것은 더 이상 중요하지 않다. (…) 젠더와 행동은 하

나는 내 영혼을 꺼내기로 결정했다

"나는 내가 여자의 몸에 갇힌 남자라고 말할 수 없다. 단지 내가 여자 몸에 살아 있는 남자의 영혼이었고, 그래서 여자 몸에 살아 있는 남자의 영혼을 꺼내기로 결정했고, 내 몸을 내 영혼과 일치시키고, 남은 삶을 남자로 살기로 결심했다고만 말할 수 있다."

—재미슨 그린(미국의 소설가, 수필가, 연설가)

▶출처—*Reclaiming Genders*, Kate More and Stephen Whittle eds, Cassell, 1999.

늘의 별만큼이나 다양하다. 누군가를 트랜스젠더라고 정의할 수 있는 근거가 되는 전형적인 유형은 없다."고 말한다.[19]

여러 지역에서 작가 및 연설가로 활동하고 있는 레슬리 페인버그Leslie Feinberg는, "여성 해방운동은 여성들이 우리 사회에서 직면하고 있는 구조적 타락, 폭력, 차별에 관한 엄청난 논의를 촉발시켰다. (…) 크게 진일보한 것이다. (…) 이제 또 다른 움직임이 역사의 무대를 장악하고 있다. 곧, 트랜스젠더 해방운동이다. 우리는 성과 젠더에 기반해 사람을 대우하는 사회에 다시 한 번 의문을 제기하고 있다. 이러한 논쟁은 인간의 의식에 새로운 공헌을 할 것이다."고 말한다.

이 투쟁은 우리의 젠더, 성이 무엇이건 간에, 남성적이거나 여성적이어야 한다는 완고하고 전형적인 틀에서 우리 모두를 해방시킬 잠재성을 지니고 있다.

■ 깊이 읽기

점점 늘어나는 트랜스젠더들

- 만2천 명 중에 한 명은 엠티에프 트랜스젠더이다.
- 3만 명 중에 한 명은 에프티엠 트랜스젠더이다.

▶출처— *The Penguin Atlas of Human Sexual Behavior*, Judith Mackay, Penguin, 2000.

레인보우를 옹호하며

필요한 것을 해야 한다

성 소수자들은 은밀함과 침묵에 싸여 등장했다. 오늘날 이들의 투쟁은 점차 시민적 권리와 인권의 측면에서 논의되고 있다.

물론 이것이 이러한 권리들이 존중되고 있음을 의미하지는 않는다. 점차 밖으로 드러나는 것이 적대감과 학대를 증가시킬 수도 있다. 그러나 많은 곳에서 일어나고 있는 폭력과 억압의 물결 또한 활발한 저항에 부딪히고 있다. 우간다나 나미비아처럼 증오와 억압이 거센 국가들에서조차 용감한 사람들이 모이고 있다. 이들의 투쟁에 적합한 지지를 보내는 것이 그들이 생존하는 데 필수적이다.

「세계 인권 선언*Universal Declaration of Human Rights*」을 위시해 현존하는 많은 국제 인권 협약이 성 소수자들의 권리를 옹호하는 데 사용될 수 있다. 이것이 국제사면위원회와 '국제 게이 레즈비언 인권 위원회'가 강조하는 것이고, 유엔을 포함한 다른 국제기구에 촉구하는 내용이다. 이를 통해 다양한 성공을 거두고 있다.

다양성 추구는 지역과 국가 수준에서 함께 이루어져야 한다.

레인보우

레인보우는 동성애자의 상징이었으나 지금은 다양한 성적 소수자를 상징하는 의미로 확장되어 사용된다. '빨주노초파남보'에서 남색을 뺀 여섯 가지 색으로 이루어진 레인보우는 전 세계 동성애자의 상징이다.

레인보우는 1978년 미국 샌프란시스코 동성애자 퍼레이드에 쓰기 위해 화가인 길버트 베이커Gilbert Baker가 만든 8색 깃발로 처음 등장했다. 이때의 여덟 가지 색깔은 '빨주노초파남보'와 분홍이었고 베이커가 직접 염색하고 봉재해서 만들었다. 이 깃발이 좋은 반응을 얻자, 베이커는 대량 제작을 의뢰하게 되는데 베이커가 직접 만들었던 분홍색이 상업적으로 생산되지 않아 일곱 가지 색으로 만들어졌다.

그 해 11월에 샌프란시스코에서 첫 커밍아웃한 시의원이었던 하비 밀크Harvy Milk가 저격당하는 사건이 일어나자, 1979년 동성애자 퍼레이드 위원회는 자신들의 세력과 견고함을 천명하기 위해서 베이커의 깃발을 사용하기로 결의했다. 위원회는 퍼레이드 때 길 양쪽 편으로 세 가지 색으로 나누어 달기 위해 비슷한 톤이 중복되는 남색을 제외하기로 하는데, 이렇게 해서 여섯 가지 색 깃발이 탄생하게 되었다.

처음은 깃발로 시작했지만, 현재 6색 레인보우는 동성애자의 자긍심을 드러내는 상징으로 모든 곳에 응용되고 있다. 레인보우 스티커를 차에 부착하거나 레인보우가 디자인된 뱃지, 티셔츠, 양초, 컵 등을 사용하는 것으로 당당한 동성애자로서의 자긍심을 표현하고 있다.

각 색깔들이 지니고 있는 의미는 다음과 같다.

빨강 : 삶(life)	초록 : 자연(nature)
주황 : 치유(healing)	파랑 : 예술(art)
노랑 : 태양(sun)	보라 : 영혼(spirit)

▶출처-성적소수자사전(발췌) http://kscrc.org/bbs/zboard.php?id=press_dictionary
ⓒ한국성적소수자문화인권센터, 2002~2004

고용, 주거, 의료, 가족, 법적 권리, 연금 혜택 등에서의 평등처럼 일반 시민들이 당연시하는 일상의 것들이 많이 있다. 표현과 결사의 자유, 고문을 받지 않을 자유, 품위를 유지할 자유 등이 그예다. 이 모든 것들을 부유한 국가와 가난한 국가를 막론하고 수십만 명에 이르는 전 세계의 성 소수자들이 누리지 못하고 있으며, 비참하고 비인간적인 삶을 살고 있다.

마침내 성적 다양성은 실재 사람들, 개인의 삶으로 내려왔다. 사랑과 성처럼 친밀한 것이 없다. 이는 우리 존재의 핵심이고, 우리를 열려 있고 또한 연약하게 만든다. 이에 대한 공격은 매우 사적인 것이다. 더욱이 성 소수자에게 가해지는 폭력은 성 소수자를 범죄시하고 차별하는 법에 의해 합법화되고 있다.

성 소수자들은 지난 백 년 또는 이백 년 동안 정의를 위해 싸워왔다. 그러나 지금까지 그랬던 것처럼 언제나 혼자서 해낼 수는 없다. 또한 다양성이 존중되고 관용적이며 자유로운 사회의 혜택을 그들만이 누리는 것은 아니다.

궁극적으로 성적 다양성의 레인보우는 모두를 위한 것이고, 모두가 옹호해야 하는 것이다. 성적 다양성을 우리 모두가 옹호해야 하는 까닭이 바로 여기에 있다.

국제사면위원회의 행동 계획안

국제사면위원회는 다음을 지지한다.

1. 동성애를 범죄화하는 법 폐기.
2. 이유를 막론하고 모든 고문 금지.
3. 구금 시 보호 수단 제공—엘지비티 강간을 막기 위한 조치.
4. 강제적인 의학적 '치료' 금지—고문과 다를 바 없음.
5. 사면 철폐—엘지비티에 대한 고문과 학대 조사.
6. 공동체 내의 폭력에서 엘지비티 보호—경찰과 당국은 동성애 혐오관련 범죄를 좌시하지 않겠다는 점을 명백히 할 의무가 있음.
7. 성적 정체성을 근거로 한 망명자 고문 금지—정부는 실상을 조사하고 망명 정책에서 선입견을 없애도록 수정해야 함.
8. 엘지비티 인권 옹호자 보호와 지지.
9. 국제적 보호 강화—승인 시 수많은 유엔 기구들은 고문과 학대를 막는 데 동참할 수 있음.
10. 차별 철폐—성적 취향이나 젠더 정체성을 근거로 한 모든 종류의 차별을 금지하는 헌법과 조항을 채택함.

NO-NONSENSE

N 부록

전 세계의 성 소수자 관련 법

*동: 동성애, 트: 트랜스젠더의 성전환, 이: 이민, 망: 망명

아프가니스탄

동: 불법, 사형
트: 미확인

알바니아

동: 합법, 동성애 동의 연령 더 높음(18세)
이: 다른 국가에서 엘지비티 시민의 망명을 허용함
트: 불법

앤티가 바부다

동: 합법
트: 미확인

아르헨티나

동: 합법
이, 망: 다른 국가에서 엘지비티 시민의 망명을 허용함
고용: 동성애자는 군대에 갈 수 없음
트: 성전환이 합법이거나 또는 처벌받지 않고 할 수 있음

오스트레일리아

동: 합법, 동성애 동의 연령 더 높음(호주 수도주 18세, 북부 18세, 퀸즐랜드 18세, 서호주 21
    세)/ 어떤 주에서는 일부 성 소수자를 보호함, 동성애 관계를 부분적으로 합법화함
망: 엘지비티 망명자 허용을 준비 중
양육: 태즈메이니아 주에서는 레즈비언과 미혼여성이 주에서 설립한 정자 기증자 인공수정 서
      비스를 이용할 수 있으나 다른 주에서는 불가능, 입양을 하는 동성 커플이 있음
트: 일부 주에서는 불법, 트랜스젠더 차별금지법 존재.

바하마

동: 합법, 동성애 동의 연령 더 높음(18세)
트: 미확인

바레인

동: 불법
트: 불법

알제리

동: 불법, 3년형
이, 망: 다른 국가에서 엘지비티 시민의 망명을 허용함
트: 미확인

안도라

동: 합법
트: 불법

앙골라

동: 불법
트: 미확인

아르메니아

동: 범죄화 진행 중
이, 망: 다른 국가에서 엘지비티 시민의 망명을 허용함
트: 미확인

아루바Aruba

동: 합법
트: 미확인

오스트리아

동: 합법, 게이의 동의 연령 더 높음(18세)
이, 망: 엘지비티 망명자 허용을 준비 중
트: 성전환이 합법이거나 또는 처벌받지 않고 할 수 있음,
　　성전환 후 모든 개인 서류 재발급

아제르바이잔

동: 합법, 동의 연령 같음
트: 미확인

바베이도스

동: 합법
트: 미확인

벨로루시

동: 합법, 게이의 동의 연령 더 높음(18세)
고용: 동성애자는 군대에 갈 수 없음
트: 성전환이 합법이거나 또는 처벌받지 않고 할 수 있음, 성전환 후 서류 재발급 여부는 미확인

벨기에	벨리즈
동: 합법, 동의 연령 같음 이, 망: 엘지비티 망명자 허용을 준비 중 트: 성전환이 합법이거나 또는 처벌받지 않고 할 수 있음, 성전환 후 　　모든 개인 서류 재발급	동: 합법 트: 미확인

보스니아헤르체고비나	스르브스카공화국	보츠와나
동: 합법	차별금지법 존재 트: 미확인	동: 게이는 불법이나 레즈비언은 　　법에 명시되지 않음 트: 미확인

불가리아	부르키나
동: 불법은 아니나 법적으로 심한 차별이 존재, 　　동성애 동의 연령 더 높음 트:미확인	동: 합법, 동성애 동의 연령 더 높음(21세) 트: 미확인

카메룬	캐나다
동: 불법 트: 미확인	동: 합법, 항문 성교 동의 연령 더 높음(18세), 퀘벡에서 동성애 관계가 　　법적으로 인정되며 다른 주들도 이를 따르고 있음, 연방 인권 법안에서 　　차별을 금지 이, 망―엘지비티 망명자 허용을 준비 중, 양육―동성 커플의 입양이 허용됨, 고용―8개의 주에서 처우가 동일 트: 일부 주에서 합법

베냉	부탄		볼리비아

동: 불법
트: 미확인

동: 게이는 불법이나 레즈비언은 법에 명시되지 않음
트: 미확인

동: 합법
트: 미확인

	브라질	브루나이

동: 합법, 동의 연령 같음, 여러 지역에 차별금지법과 비방금지법 존재
이, 망: 다른 국가에서 엘지비티 시민의 망명을 허용함
트: 성전환이 합법이거나 또는 처벌받지 않고 할 수 있음

동: 불법
트: 미확인

	미얀마		부룬디	캄보디아

동: 게이는 불법이나 레즈비언은 법에 명시되지 않음
트: 미확인, 전통적으로 트랜스젠더가 사회에서 승인됨

동: 불법
트: 미확인

동: 합법, 동의 연령 같음
트: 미확인

	카보베르데	케이맨	중앙아프리카공화국	차드

동: 불법
트: 미확인

동: 합법
트: 미확인

동: 합법, 동의 연령 같음
트: 미확인

동: 합법, 동의 연령 같음
트: 미확인

칠레	중국

동: 합법, 동성애 동의 연령 더 높음(18세)
이, 망—다른 국가에서 엘지비티 시민의 망명을
　　　허용함
트: 미확인

동: 미확인, '난동죄hooliganism'에 의해
　　처벌될 것으로 추정
이, 망—다른 국가에서 엘지비티 시민의
　　망명을 허용함
트: 성전환이 합법이거나 또는 처벌받지
　　않고 할 수 있음

콩고	콩고민주공화국

동: 합법, 동의 연령 같음
트: 미확인

동: 불법, 가족에 대한 범죄로 간주되어 최고 5년형 선고
트: 미확인

크로아티아	쿠바

동: 합법, 동성애 동의 연령 더 높음(18세)
이, 망—다른 국가에서 엘지비티 시민의 망명을 허용함
트: 미확인

동: 불법은 아니나 법적으로 심한 차별이 존재,
　　동성애 동의 연령 더 높음
이, 망—다른 국가에서 엘지비티 시민의
　　망명을 허용함
트: 미확인

덴마크	지부티

동: 합법, 동의 연령 같음, 동성애 관계를 법적으로 인정
　　(그린란드Greenland에도 적용됨)
이, 망—엘지비티 망명자 허용을 준비 중, 양육—양부모를 법으로 인정,
　　고용—성적 취향에 기반한 차별을 법으로 금지
트: 성전환이 합법이거나 또는 처벌받지 않고 할 수 있음, 성전환 후 모든 개인
　　서류 재발급되는 것으로 추정됨

동: 불법
트: 미확인

콜롬비아

동: 합법, 동의 연령 같음
이, 망—다른 국가에서 엘지비티 시민의 망명을 허용함
트: 간성 아이들의 동의 없이 성기 훼손을 금지한 첫 번째 국가

코모로

동: 합법
트: 미확인

쿡제도

동: 게이는 불법이나 레즈비언은 법에 명시되지 않음
트: 미확인

코스타리카

동: 합법, 동의 연령 같음
트: 미확인

코트디부아르

동: 합법
트: 미확인

키프로스

동: 합법, 동성애 동의 연령 더 높음(18세)
트: 불법

체코

동: 합법, 동의 연령 같음, 고용법이 차별을 금지
트: 성전환이 합법이거나 또는 처벌받지 않고 할 수 있음,
　　성전환 후 일부 개인 서류 재발급

도미니카공화국

동: 합법, 동의 연령 같음
트: 미확인, 구에베도체(guevedoche, 준자웅동체)
　　가 문화적으로 승인됨

에콰도르

동: 합법, 헌법에 평등을 명시한 세계 두 번째
　　국가, 성적 취향에 기반한 차별을 법으로 금지
양육—레즈비언의 양육권 인정
트: 미확인

이집트	엘살바도르

동: 합법이나 다양한 법을 동원해 동성애자를
    구속하고 처벌함, 동의 연령 같음
트: 성전환이 합법이거나 또는 처벌받지 않고
    할 수 있음

동: 합법
이, 망—다른 국가에서 엘지비티
          시민의 망명을 허용함
트: 미확인

에티오피아	피지	핀란드

동: 불법
트: 미확인

동: 게이는 불법이나
    레즈비언은 법에
    명시되지 않음
트: 미확인

동: 합법, 동의 연령 같음, 성적 취향을 법으로 보호
이, 망—엘지비티 망명자 허용을 준비 중
양육—양부모를 법으로 인정, 레즈비언과 미혼 여성이
        주에서 설립한 정자 기증자 인공수정 서비스를
        이용할 수 있음
고용—성적 취향에 기반한 차별을 법으로 금지
트: 성전환이 합법이거나 또는 처벌 받지 않고 할 수 있음,
    성전환 후 모든 개인 서류 재발급되는 것으로 추정됨

가봉	감비아	그루지아

동: 합법, 동의 연령 같음
트: 미확인

동: 성범죄법에 대한
    정보가 불확실
트: 미확인

동: 합법, 동의 연령 같음
트: 성전환이 합법이거나 또는
    처벌받지 않고 할 수 있음

그리스	그레나다

동: 합법
이, 망—엘지비티 망명자 허용을 준비 중
양육—레즈비언과 미혼여성이 주에서 설립한 정자 기증자
        인공수정 서비스를 이용할 수 있음
고용—동성애자는 군대에 취직할 수 없음
트: 성전환이 합법이거나 또는 처벌받지 않고 할 수 있음
    성전환 후 모든 개인 서류 재발급되는 것으로 추정됨

동: 게이는 불법이나 레즈비언은
    법에 명시되지 않음
트: 미확인

적도기니 | 에리트레아 | 에스토니아

적도기니

동: 합법
이, 망—다른 국가에서 엘지비티
　　　시민의 망명을 허용함
트: 미확인

에리트레아

동: 합법
트: 미확인

에스토니아

동: 합법, 동의 연령 2002년 이래로 같음
트: 성전환이 합법이거나 또는 처벌받지 않고
　　　할 수 있음, 성전환 후 모든 개인 서류 재발급
　　　되는 것으로 추정됨

프랑스 | **프랑스령 기아나**

프랑스

동: 합법, 동의 연령 같음, 동성애 관계를 법적으로 인정, 성적 취향에 기반한
　　　차별을 법으로 금지
이, 망—엘지비티 망명자 허용을 준비 중
고용—성적 취향에 기반한 차별을 법으로 금지
트: 성전환이 합법이거나 또는 처벌받지 않고 할 수 있음, 성전환 후 일부 개인
　　　서류 재발급되는 것으로 추정됨

프랑스령 기아나

동: 합법
트: 미확인

독일 | **가나**

독일

동: 합법, 동의 연령 같음, 일부 주에서 법적 보호
이, 망—엘지비티 망명자 허용을 준비 중
고용—성적 취향에 기반한 차별을 법으로 금지
트: 성전환이 합법이거나 또는 처벌받지 않고 할 수 있음,
　　　성전환 후 모든 개인 서류 재발급

가나

동: 성범죄법에 대한 정보가
　　　불확실
이, 망—다른 국가에서 엘지비티
　　　시민의 망명을 허용함
트: 불법

괌 | **과테말라** | **기니** | **기니비사우**

괌

동: 성범죄법에 대한 정보가 불확실
트: 미확인

과테말라

동: 합법
트: 미확인

기니

동: 불법, 3년형
트: 미확인

기니비사우

동: 합법
트: 미확인

가이아나 | 아이티 | 온두라스

동: 게이는 불법이나 레즈비언은
　　법에 명시되지 않음, 종신형
트: 미확인

동: 합법
트: 미확인

동: 합법
이, 망―엘지비티 망명자 허용을 준비 중
트: 미확인

인도 | 인도네시아 | 이란

동: 게이는 불법이나 레즈비언은
　　법에 명시되지 않음,
　　최고 10년형
트: 미확인, 전통적으로 트랜스젠
　　더(히즈라)가 사회에서 승인됨

동: 합법
트: 성전환이 합법이거
　　나 또는 처벌받지
　　않고 할 수 있음,
　　트랜스젠더가 사회
　　에서 승인됨

동: 불법, 사형, 지난
　　십 년간 처형이
　　시행되었음
트: 불법

이스라엘 | 이탈리아

동: 합법, 동성애 동의 연령 더 높음
고용―성적 취향을 법으로 보호
트: 성전환이 합법이거나 또는 처벌
　　받지 않고 할 수 있음

동: 합법
트: 성전환이 합법이거나 또는 처벌받지 않고
　　할 수 있음, 성전환 후 일부 개인 서류 재발급

카자흐스탄 | 케냐 | 키리바시

동: 합법
트: 미확인

동: 게이는 불법이나 레즈비언은
　　법에 명시되지 않음, 최소 10년형
트: 미확인, 전통적으로 트랜스
　　젠더가 사회에서 승인됨

동: 게이는 불법이나 레즈비언은 법에
　　명시되지 않음
트: 미확인

헝가리

동: 합법, 동성애 동의 연령 더 높음(18세),
　　동성애 관계를 법적으로 인정
고용—동성애자는 군대에 취직하지 말도록
　　'권고' 됨
트: 성전환이 합법이거나 또는 처벌받지 않고 할 수
　　있음, 서류 발급에 관한 법의 내용은 불확실

아이슬란드

동: 합법, 동성애 동의 연령 더 높음(18세),
　　동성애 관계를 법적으로 인정, 성적 취향을 법으로 보호
양육—양부모를 법으로 인정
트: 성전환이 합법이거나 또는 처벌받지 않고 할 수
　　있음, 서류 발급에 관한 법의 내용은 불확실

이라크 · 아일랜드

동: 합법
트: 미확인

동: 합법, 게이와 항문 성교 동의 연령 더 높음(17세), 성적 취향을 법으로 보호
이, 망—엘지비티 망명자 허용을 준비 중
고용—성적 취향에 기반한 차별을 법으로 금지
트: 성전환이 합법이거나 또는 처벌받지 않고 할 수 있음, 성전환 후 출생신고서나
　　결혼증명서를 바꾸는 것은 불법

자메이카 · 일본 · 요르단

동: 게이는 불법이나 레즈비언은
　　법에 명시되지 않음, 최고 10년형
트: 미확인

동: 합법
고용—동성애자는 군대에 취직
　　할 수 없음
트: 성전환이 합법이거나 또는
　　처벌받지 않고 할 수 있음

동: 합법
이, 망—다른 국가에서
　　엘지비티 시민의
　　망명을 허용함
트: 미확인

북한 · 한국 · 쿠웨이트 · 키르기스스탄

동: 게이는 불법이나 레즈
　　비언은 법에 명시되지
　　않음, 최고 10년형
트: 미확인

동: 불법
트: 미확인

동: 게이는 불법이나 레즈
　　비언은 법에 명시되지
　　않음, 표현과 결사의
　　자유를 부정하는 법도
　　적용됨
트: 미확인

동: 합법
트: 미확인

라오스	라트비아

동: 법에 여러 차별 조항들이
　　있으나 총체적 위법은 아님
트: 미확인

동: 합법
이: 망―엘지비티 망명자 허용을 준비 중
트: 성전환이 합법이거나 또는 처벌받지 않고 할 수 있음,
　　성전환 후 일부 개인 서류 재발급되는 것으로 추정됨

리히텐슈타인	리투아니아	룩셈부르크

동: 합법(18세)
트: 미확인

동: 합법, 게이의
　　동의 연령 더
　　높음(18세)
트: 불법

동: 합법, 동의 연령 같음, 성적 취향을 법으로 보호
고용―동성애자는 군대에 취직할 수 없음
트: 성전환이 합법이거나 또는 처벌받지 않고
　　할 수 있음, 성전환 후 일부 개인 서류 재발급
　　되는 것으로 추정됨

말리	몰타	마샬 군도

동: 성범죄법에 대한
　　정보가 불확실
트: 미확인

동: 합법, 동의 연령 같음
트: 불법

동: 게이는 불법이나 레즈비언은 법에
　　명시되지 않음
트: 미확인

몰도바	모나코

동: 합법, 동성 간의 항문 성교 동의 연령 더
　　높음(18세)
트: 성전환이 합법이거나 또는 처벌받지
　　않고 할 수 있음, 성전환 후 모든
　　개인 서류 재발급되는 것으로 추정됨

동: 합법, 동의 연령 같음
트: 성전환이 합법이거나 또는 처벌받지
　　않고 할 수 있음, 성전환 후 모든 개인
　　서류 재발급되는 것으로 추정됨

이란 | 레바논 | 레소토 | 라이베리아 | 리비아

이란
동: 불법, 사형, 지난
십 년간 처형이
시행되었음
트: 불법

레바논
동: 불법, 표현과 결사의 자유를
부정하는 법도 적용됨
이, 망—다른 국가에서 엘지비티
시민의 망명을 허용함
트: 미확인

레소토
동: 합법
트: 미확인

라이베리아
동: 불법
트: 미확인

리비아
동: 불법
트: 미확인

마다가스카르 | 말라위 | 말레이시아 | 몰디브

마다가스카르
동: 합법
트: 미확인, 트랜스젠더가
사회에서 승인됨

말라위
동: 불법
트: 미확인

말레이시아
동: 게이는 불법이나 레즈
비언은 법에 명시되지
않음, 최고 20년형
이, 망—다른 국가에서
엘지비티 시민의
망명을 허용함
트: 미확인

몰디브
동: 게이는 불법이나
레즈비언은 법에
명시되지 않음
트: 미확인

모리타니아 | 모리셔스 | 멕시코 | 미크로네시아

모리타니아
동: 불법, 사형
이, 망—다른 국가에서
엘지비티 시민의
망명을 허용함
트: 미확인

모리셔스
동: 불법,
최고 5년형
트: 미확인

멕시코
동: 합법, 일부 주에서 성적
취향을 법으로 보호
이, 망—다른 국가에서
엘지비티 시민의
망명을 허용함
트: 미확인

미크로네시아
동: 법에 언급되지 않음
트: 미확인

몽골 | 모로코 | 모잠비크

몽골
동: 법에 언급되지 않음, 그러나 '비도덕적인
성적 욕망을 만족시키는 것을 금지' 하는
형법이 동성애를 반대하는 데 사용됨
트: 미확인

모로코
동: 불법
이, 망—다른 국가에서
엘지비티 시민의
망명을 허용함
트: 미확인

모잠비크
동: 게이는 불법이나
레즈비언은 법에
명시되지 않음
트: 미확인

나미비아	나우루	네팔
동: 게이는 불법이나 레즈비언은 법에 명시되지 않음, 레즈비언 커플에게 이민권을 인정한 관례가 있음 고용—불법임에도 차별 금지 조항이 적용됨 트: 미확인	동: 게이는 불법이나 레즈비언은 법에 명시되지 않음 트: 미확인	동: 게이는 불법이나 레즈비언은 법에 명시되지 않음 트: 미확인

니카라과	니제르	나이지리아
동: 불법 이, 망—다른 국가에서 엘지비티 시민의 망명을 허용함 트: 미확인	동: 합법 트: 미확인	동: 게이는 불법이나 레즈비언은 법에 명시되지 않음, 최고 14년형 트: 미확인

파키스탄	파나마	파푸아뉴기니	파라과이
동: 불법, 사형이나 종신형 이, 망—다른 국가에서 엘지비티 시민의 망명을 허용함 트: 미확인	동: 합법 트: 미확인	동: 게이는 불법이나 레즈비언은 법에 명시되지 않음 트: 미확인	동: 합법, 동의 연령 같음 트: 미확인

▶포르투갈	▶카타르
동: 합법, 동성애 동의 연령 더 높음(16세), 동성애 관계를 법으로 인정 고용—동성애자는 군대에 취직할 수 없음 트: 불법	동: 불법, 최고 5년형 트: 미확인

네덜란드

동: 합법, 일부 주에서 성적 취향을 법으로 보호, 동성애 관계와 결혼을 법으로 인정
양육—양부모를 법으로 인정, 동성 커플의 입양이 허용됨, 레즈비언과 미혼여성이 주에서 설립한 정자 기증자 인공수정 서비스를 이용할 수 있음
이, 망—엘지비티 망명자 허용을 준비 중
트: 성전환이 합법이거나 또는 처벌받지 않고 할 수 있음, 성전환 후 모든 개인 서류 재발급되는 것으로 추정됨

뉴질랜드

동: 합법, 동의 연령 같음, 인권법에 따라 성적 취향을 법으로 보호, 여러 지역에서 동성애 관계 인정
이, 망—엘지비티 망명자 허용을 준비 중
트: 성전환이 합법이거나 또는 처벌받지 않고 할 수 있음, 성전환 후 모든 개인 서류 재발급

니우에

동: 게이는 불법이나 레즈비언은 법에 명시되지 않음
트: 미확인

노르웨이

동: 합법, 동의 연령 같음, 동성애 관계를 법으로 인정
이, 망—엘지비티 망명자 허용을 준비 중, 양육—양부모를 법으로 인정
트: 성전환이 합법이거나 또는 처벌받지 않고 할 수 있음, 성전환 후 모든 개인 서류 재발급되는 것으로 추정됨

오만

동: 불법
트: 미확인, 트랜스젠더가 사회에서 승인됨

페루

동: 합법
이, 망—다른 국가에서 엘지비티 시민의 망명을 허용함
고용—동성애자는 군대에 취직할 수 없음
트: 미확인

필리핀

동: 합법, 동의 연령 같음
트: 성전환이 합법이거나 또는 처벌받지 않고 할 수 있음

폴란드

동: 합법, 동의 연령 같음
이, 망—다른 국가에서 엘지비티 시민의 망명을 허용함
고용—동성애자는 군대에 취직할 수 없음
트: 성전환이 합법이거나 또는 처벌받지 않고 할 수 있음, 성전환 후 일부 개인 서류 재발급되는 것으로 추정됨

루마니아

동: 합법, 동성애 동의 연령 더 높음(18세), 표현과 결사의 자유를 부정하는 법이 적용됨
이, 망—다른 국가에서 엘지비티 시민의 망명을 허용함
트: 성전환이 합법이거나 또는 처벌받지 않고 할 수 있음, 성전환 후 서류 재발급 여부는 미확인

러시아

동: 합법, 동의 연령 같음
이, 망—다른 국가에서 엘지비티 시민의 망명을 허용함
트: 성전환이 합법이거나 또는 처벌받지 않고 할 수 있음, 성전환 후 모든 개인 서류 재발급되는 것으로 추정됨, 전통적으로 트랜스젠더가 시베리아 사회에서 승인됨

르완다	세인트 키츠와 네비스	세인트루시아	세인트빈센트/그레나딘

동: 합법
트: 미확인

동: 성범죄법에 대한
　　정보가 불확실
트: 미확인

동: 불법
트: 미확인

동: 미확인
트: 미확인

세이셸	시에라리온	싱가포르

동: 게이는 불법이나
　　레즈비언은 법에
　　명시되지 않음
트: 미확인

동: 게이는 불법이나
　　레즈비언은 법에
　　명시되지 않음
트: 미확인

동: 게이는 불법이나 레즈비언은 법에
　　명시되지 않음
이, 망—다른 국가에서 엘지비티 시민의
　　망명을 허용함
트: 성전환이 합법이거나 또는 처벌받지
　　않고 할 수 있음

소말리아	남아프리카공화국

동: 게이는 불법이나
　　레즈비언은 법에
　　명시되지 않음,
　　최고 3년형
트: 미확인

동: 합법, 헌법에 평등과 성적 취향 보호를 명시한 세계 최초의 국가,
　　동성애 동의 연령 더 높음(19세)
이, 망—엘지비티 망명자 허용을 준비 중
양육—동성 커플의 입양이 허용됨
고용—성적 취향에 기반한 차별을 1995년 노동 관련법에 의거해
　　법으로 금지
트: 성전환이 합법이거나 또는 처벌받지 않고 할 수 있음

수리남	스와질란드	스웨덴

동: 합법이지만 법적으로
　　심한 차별이 존재,
　　동성애 동의 연령 더
　　높음(18세)
트: 미확인

동: 불법
트: 미확인

동: 합법, 동의 연령 같음, 성적 취향을 일부 법으로
　　보호, 동성애 관계 인정
이, 망—엘지비티 망명자 허용을 준비 중
트: 성전환이 합법이거나 또는 처벌받지 않고 할 수
　　있음, 성전환 후 모든 개인 서류 재발급되는
　　것으로 추정됨

산마리노

동: 합법, 동의 연령 같음
트: 불법

상투메 프린시페

동: 합법
트: 미확인

사우디아라비아

동: 불법, 사형, 지난 십 년간
처형이 시행되었음
트: 미확인

세네갈

동: 불법
트: 미확인

슬로바키아

동: 합법
트: 성전환이 합법이거나 또는 처벌받지
않고 할 수 있음, 성전환 후 모든 개인
서류 재발급되는 것으로 추정됨

슬로베니아

동: 합법, 성적 취향을
법으로 보호
고용—성적 취향에 기반한
차별을 법으로 금지
트: 불법

솔로몬제도

동: 불법, 최고 14년형
트: 미확인

스페인

동: 합법, 동의 연령 같음, 부분적으로 동성애
관계 인정, 성적 취향을 일부 법으로 보호
양육—레즈비언과 미혼여성이 주에서 설립한
정자 기증자 인공수정 서비스를 이용할 수 있음
트: 성전환이 합법이거나 또는 처벌받지 않고 할 수
있음, 성전환 후 모든 개인 서류 재발급되는 것으로
추정됨

스리랑카

동: 게이는 불법이나
레즈비언은 법에
명시되지 않음
트: 미확인

수단

동: 불법, 사형
트: 미확인

스위스

동: 합법, 동의 연령 같음, '삶의 방식'에 근거한 차별 금지
조항이 헌법에 있음, 동성애 관계 인정
트: 성전환이 합법이거나 또는 처벌받지 않고 할 수 있음, 성
전환 후 모든 개인 서류 재발급되는 것으로 추정됨

시리아

동: 불법, 최고 3년형
이, 망—다른 국가에서 엘지비티
시민의 망명을 허용함
트: 미확인

타이완	타지키스탄	탄자니아

동: 합법, 동의 연령 같음
트: 성전환이 합법이거나
　또는 처벌받지 않고
　할 수 있음

동: 게이는 불법이나
　레즈비언은 법에
　명시되지 않음
트: 미확인

동: 게이는 불법이나 레즈비언은 법에
　명시되지 않음, 최고 14년형
이, 망—엘지비티 시민들이 다른 국가에
　망명을 신청했음
트: 미확인

통가	토켈라우제도	트리니다드토바고

동: 게이는 불법이나
　레즈비언은 법에 명시
　되지 않음, 최고 10년형
트: 미확인

동: 게이는 불법이나 레즈비언은
　법에 명시되지 않음
트: 미확인

동: 불법 .
트: 미확인

투르크메니스탄	터크스 케이커스 제도	투발루

동: 성범죄법에 대한
　정보가 불확실
트: 미확인

동: 합법
트: 미확인

동: 게이는 불법이나 레즈비언은
　법에 명시되지 않음
트: 미확인

영국

동: 합법, 동의 연령 같음, 법적으로 심한 차별이 존재, 표현 금지
이, 망—엘지비티 망명자 허용을 준비 중, 2년간의 동거를 증명해야 함
양육—일부 지역에서 동성 커플의 입양이 허용됨
고용—차별에 대한 법적 보호가 없음
트: 성전환이 합법이거나 또는 처벌받지 않고 할 수 있음, 성전환 후 일부 개인 서류 재발급되는
　　것으로 추정되나 출생신고서나 결혼증명서를 바꾸는 것은 불법

마케도니아

동: 합법
고용―합법적인 직업을
　　　　가질 수 없음
트: 불법

타이

동: 게이는 불법이나 레즈비언은 법에
　　명시되지 않음
트: 미확인

토고

동: 불법, 최고 3년형
트: 미확인

튀니지

동: 불법, 최고 3년형
이, 망―다른 국가에서 엘지비티 시민의
　　　　망명을 허용함
트: 자웅동체로 태어난 사람만 허용됨

터키

동: 합법, 동의 연령 같음
이, 망―다른 국가에서 엘지비티 시민의 망명을 허용함
트: 성전환이 합법이거나 또는 처벌받지 않고 할 수 있음,
　　성전환 후 모든 개인 서류 재발급되는 것으로 추정됨

우간다

동: 게이는 불법이나 레즈비언은
　　법에 명시되지 않음, 종신형
이, 망―다른 국가에서 엘지비티
　　　　시민의 망명을 허용함
트: 미확인

우크라이나

동: 합법, 동의 연령 같음
트: 성전환이 합법이거나 또는 처벌받지
않고 할 수 있음, 성전환 후 모든
　　개인 서류 재발급되는 것으로 추정됨

▶아랍에미리트

동: 불법, 최고 14년형
트: 미확인

미국

동: 20개 주에서 항문 성교 불법, 12개 주에 진보적인 차별금지법이 있음, 버몬트 주에서
　　동성애 관계가 인정됨
이, 망―엘지비티 망명자 허용을 준비 중
양육―일부 주에서 동성 커플의 입양이 허용됨
고용―일부 주에서 차별 금지법 존재
트: 성전환이 합법이거나 또는 처벌받지 않고 할 수 있음, 전통적인 아메리카 인디언들은
　　트랜스젠더를 수용함

	우루과이	우즈베키스탄		바누아투

동: 합법
트: 미확인

동: 게이는 불법이나 레즈비언은 법에 명시되지 않음,
　　최고 3년형
이, 망―다른 국가에서 엘지비티 시민의 망명을 허용함
트: 미확인

동: 합법
트: 미확인

	베트남	서사모아		예멘

동: 합법, 동의 연령 같음
트: 미확인

동: 불법
트: 미확인, 전통적으로 트랜스젠더가
　　사회에서 일부 승인됨

동: 불법, 사형
트: 미확인

‘유럽회의the Council of Europe’에 속해 있는 마흔세 개 국가에서 성적 소수자에 대한 차별은 ‘유럽
인권조약European Convention on Human Rights’에 의해 제지된다. 또한 구체적인 언급을 한 최초
의 국제 인권 헌장인 ‘유럽연합기본권헌장European Union Charter of Fundamental Rights’은 성적
취향에 근거한 차별을 금지하고 있다.

바티칸/교황청

동: 언급되지 않았으나 사실상 금지
트: 비난의 대상

베네수엘라

동: 합법
이, 망—엘지비티 망명자 허용을 준비 중
고용—동성애자는 군대에 갈 수 없음
트: 미확인

유고슬라비아

동: 합법, 동성 간의 항문 성교
　　동의 연령 더 높음(18세)
트: 미확인

잠비아

동: 게이는 불법이나
　　레즈비언은 법에 명시되지
　　않음, 최고 14년형
트: 미확인

짐바브웨

동: 게이는 불법이나 레즈
　　비언은 법에 명시되지
　　않음
이, 망—다른 국가에서
　　　　엘지비티 시민의
　　　　망명을 허용함
트: 미확인

출처—International Lesbian and Gay Associaion World Survey www.ilga.org
International Commission for Lesbian and Gay Human Rights www.iglhrc
The Penguin Atlas of Human Sexual Behavior, Judith Mackay, Penguin, 2000
New Internationalist, October 2000
Rob Wintermute, King's College Law School, London
(정보 수정과 업데이트는 ilga1-web@ilga.org로 보내면 된다.)

동성애에 관한 사실들

▶전 세계 여성의 약 2퍼센트인 천2백만 명의 여성과 전 세계 남성의 약 4퍼센트인 2천4백만 명의 남성이 동성애자로서 소외되어 살고 있다.[1]

▶최소 70개 국가에서 동성애는 불법이다. 이란, 아프가니스탄, 사우디아라비아, 모리타니, 수단, 예멘에서는 중범죄로 처벌된다. 파키스탄과 가이아나에서는 무기징역을 선고한다.[2]

▶포르투갈, 이란, 가나, 슬로베니아, 마케도니아에서 성전환은 불법이다.[3]

---

1) *The Penguin Atlas of Human Sexual Behavior*, Judith Mackay, Penguin, 2000.
2) Amnesty International, 2000.
3) *The Penguin Atlas of Human Sexual Behavior*, Judith Mackay, Penguin, 2000.

NO-NONSENSE

남아프리카공화국의 드랙 퀸

성적 취향을 근거로 차별받지 않아야 한다는 조항이 남아프리카 헌법에는 포함되어 있다.

"이건 아무 것도 아니야. 당신은 나를 강간할 수 있고, 무언가를 훔쳐 갈 수도 있어. 만일에 당신이 나를 공격한다면 난 어떻게 해야 할까? 헌법을 당신 얼굴

앞에서 흔들어 댈까? 난 단지 흑인 여자에 불과할 뿐이야. (…) 그런데 말이야, 그 헌법에 대해 들은 후부터 나는 편안해졌어."

▶출처—Quoted by Mark Gevisser in *Different Rainbows*, Peter Drucker ed, gay Men's Press, 2000.

성직자들에게 말하기

　시리아에서 태어난 무슬림이자 동성애자 권리 활동가인 오마르 나하스Omar Nahas는 동성애에 대한 태도를 변화시키기 위해 인간적이고 덜 신학적인 접근을 시도하고 있다. 나하스는 종교 지도자 이맘에게 동성애에 대해 얘기하려고 노력한다. 지금까지 나하스는 대부분 자신이 살고 있는 네덜란드의 무슬림 공동체 안에서 활동했고, 이슬람과 남녀 동성애자에게 정보를 제공하는 단체인 'YOESUF 재단'[1])에서 일했다.

　나하스는, "동성애는 무슬림 사이에서 민감한 주제다. 상당한 인내와 존경과 조심스러운 언어를 사용해야만 사람들과 그것에 대해 얘기할 수 있다."고 말한다.

　나하스는 사회가 굉장히 편협할 때 단순히 신학적인 논쟁만 하는 것은 불충분하다고 믿는다. "사람들이 동성애자에 대해 관용적인 태도를 갖자는 토론을 인내할 수 있도록 하기 위해서는 먼저 기본적인 환경을 만들어야 한다. 이 기본적인 환경은 종교 내부에서 만들어지는 것이 가장 좋다. 이것이 전제가 되어야 사람들은 그 토론을 기꺼이 받아들일 것이다."

▶출처—*New Internationalist*, October 2000.

---

1) 꾸란에 등장하는 아름다운 남자의 이름을 따서 재단의 이름을 붙였다. 옮긴이

동성애 '치료'

19세기 후반 이래로 의사들은 그다지 성과가 없었지만 동성애자 '치료' 법을 개발하려고 노력해 왔다.

▶성 매매 요법
—성 판매자와 성 관계를 하면 '바뀐 남자' 가 이성애적 욕망을 느낄 것이다.

▶결혼 요법
—구애를 받고 결혼을 하게 되면 '일탈자' 들이 자연스럽게 정도로 돌아갈 것이다. 수학 같은 정밀한 공부를 하는 것이 도움이 될 것이다.

▶소작술
—뉴욕의 윌리엄 해먼드William Hammond 박사는 동성애 환자들은 목덜미, 하복부, 요추 부분에 열흘마다 소작(전기나 레이저 등을 이용해 신체의 일부를 태우는 치료법. 옮긴이)할 것을 제안했다.

▶거세 또는 난소 제거
—남자 동성애자의 성 욕구를 제거하기 위해 정소를 제거한다. 만일 동성애가 유전적인 것이라면 재생산 기관을 제거하는 것이 장기적인 치료가 될 것이다.

▶금욕
—동성애가 치유될 수 없다면 동성애자들은 금욕밖에 다른 방법이 없다.

▶최면술
—미국의 존 퀘이큰보스John D. Quackenbos 의사는 '동성에 대한 비자연적인 열정' 은 최면으로 치료될 수 있다고 주장했다.

▶혐오 요법
—20세기 전반부, 동성에 대한 욕망과 끌림을 전기 충격으로 처벌했다.

▸정신분석

—1950년대에 에드문드 버거Edmund Berger 의사는 동성애가 무의식적으로 자기를 파괴하는 일종의 '심리적 자학'이라고 말했다. 권위적인 어머니에 대한 분노 같은 원인을 찾으면 치료도 할 수 있다는 것이다.

▸방사선 치료

—선천적으로 과민한 무차별적인 동성애 충동을 줄일 수 있다고 믿었다.

▸호르몬 요법

—소년들의 남성성과 소녀들의 여성성을 강화시키기 위해 스테로이드 치료를 한다. 장기적인 사용은 불임과 암을 유발할 수 있다.

▸백질 절제술

—뇌 앞부분의 신경 섬유를 끊으면 동성애 충동이 없어진다. 그러나 성적·감정적으로 반응하는 능력도 대부분 없어진다. 미국에서 1950년대까지 행해졌다.

▸심리 종교 요법

—이성애를 고취하기 위해 종교를 믿는 의사와 치료사들이 종교의 가르침을 정신분석과 결합시켰다.

▸뷰티 요법

—부치 레즈비언*에게 필요한 것은 뷰티 스타일리스트의 도움을 받아 스타일 변신을 하는 것이다. 그러나 남자 동성애자는 그 대상이 아니다.

▸출처—Adapted From 『*Thirteen Theories to 'Cure' Homosexuality*』by Don Romesburg, in Out in All Directions: A Gay and Lesbian Almanac, Lynn Witt et al, eds, Warner books, 1995.

---

* 외모와 말투, 행동 등이 남성적인 레즈비언. 여성스러운 레즈비언은 팸femme이다. 부치와 팸으로 나누지 말자고 주장하는 이들도 있다. 옮긴이 ▸한국성적소수자문화인권센터 2002~2004 참조.

정치인이 된 거세된 남자

"당신이 정치를 하는 데 성기가 필요하지 않다. 당신은 뇌가 필요하다."

특이하지만 옳은 이 슬로건은 인도에서 거세된 남자로는 처음으로 국회의원 선거에 출마한 샤브나 네루Shabna Nehru가 사용한 것이다.

샤브나는 당선되지 않았지만 히사르 지방의원이었던 샤브나의 행적은 다른 동료 의원들에게 모범적이다. 샤브나는 빈민가에 길을 닦고 하수구를 설치했으며 물을 끌어왔다. 샤브나는, "저는 춤을 춰서 사람들을 즐겁게 하곤 했지만 이제 인간적인 좋은 일들을 함으로써 사람들을 즐겁게 합니다." 하고 말한다.

샤브나는 남부 도시 방갈로르에서 공공 서비스의 길을 걷기 시작하였다. 사업을 하는 상층 카스트의 집안에서 모호한 성기를 지니고 태어난 샤브나는 자세히 얘기하기를 꺼려 하면서, "저는 두 성에 모두 속했지만 여자로 길러졌습니다."고 말했다.

어머니가 돌아가시자 거세된 남자 무리들이 샤브나를 데려갔고, 이후 불가족천민보다 낮은 지위인 성적 탈카스트의 삶을 살았다.

샤브나와 소수의 모호한 성기를 지닌 여성 정치인들은 오랫동안 괴물로 취급되며 추방당해 온 거세된 남자이나 '성적 불능'인 히즈라가 주류적 존경을 받기 시작했다는 것을 증명한다. 어떤 이들은 가족도, 자식도 없는 거세된 남자가 인도의 정치적 부패와 족벌 정치에 대한 완벽한 해결책이라고 제안하기도 한다. 1998년에는 또 다른 거세된 남자 샤브남 마우지Shabnam Mausi가 최초로 인도 국회의원에 당선되었다.

▶출처—*The Chandigarph Tribune*, 13 March, 2000; *Wall Street Journal*, 24 September, 1998; Serena Nanda in *Third Sex, Third Gender*, op cit.

■원서 주석

■1장

1. *Global Sex, Dennis Altman*, The University of Chicago Press, 2001.
2. 'It's what you do', Jeremy Seabrook, *New Internationalist*, October.
3. *Female Desires*, Evelyn Blackwood and Saskia E Wieringa eds, Columbia University Press, 1999.
4. 'It's what you do', Jeremy Seabrook, *New Internationalist*, October.
5. *Different Rainbows*, Peter Drucker ed, Gay Men's Press, 2000.
6. *Different Rainbows*, Peter Drucker ed, Gay Men's Press, 2000.
7. *Crimes of Hate*, Conspiracies of Silence, Amnesty International, 2001.
8. *Crimes of Hate*, Conspiracies of Silence, Amnesty International, 2001.

■2장

1. *Trans Liberation*, Leslie Feinberg, Beacon Press, 1998.
2. *The Global Emergence of Gay and Lesbian Politics*, Barry D Adam et al eds, Temple University Press, 1999.
3. *The Myth of the Modern Homosexual*, Rictor Norton, Cassell, 1997.
4. *The Myth of the Modern Homosexual*, Rictor Norton, Cassell, 1997.
5. *Coming Out*, Jeffrey Weeks, Quartet Books, 1997.
6. *The Myth of the Modern Homosexual*, Rictor Norton, Cassell, 1997.
7. 'Compulsory Heterosexuality and Lesbian Existence' by Adrienne Rich *in Signs* 5, 1980.
8. *Social Perspectives in Lesbian and Gay Studies*, Peter M Nardi and Beth E Schneider eds, Routledge, 1998.
9. *Female Desires*, Evelyn Blackwood and Saskia E Wieringa eds, Columbia University Press, 1999.

10. *Different Rainbows*, Peter Drucker ed, gay Men's Press, 2000.

11. *Social Perspectives in Lesbian and Gay Studies*, Peter M Nardi and Beth E Schneider eds, Routledge, 1998.

12. *Social Perspectives in Lesbian and Gay Studies*, Peter M Nardi and Beth E Schneider eds, Routledge, 1998.

13. *Social Perspectives in Lesbian and Gay Studies*, Peter M Nardi and Beth ESchneider eds, Routledge, 1998.

14. *Reclaiming Genders*, Kate More and Stephen Whittle eds, Cassell, 1999.

15. *Social Perspectives in Lesbian and Gay Studies*, Peter M Nardi and Beth E Schneider eds, Routledge, 1998.

16. *Different Rainbows*, Peter Drucker ed, gay Men's Press, 2000.

17. *Social Perspectives in Lesbian and Gay Studies*, Peter M Nardi and Beth E Schneider eds, Routledge, 1998.

18. *Social Perspectives in Lesbian and Gay Studies*, Peter M Nardi and Beth E Schneider eds, Routledge, 1998.

19. *Crimes of Hate*, Conspiracy of Silence, Amnesty International, 2001.

■ 3장

1. *The Myth of the Modern Homosexual*, Rictor Norton, Cassell, 1999.

2. *Female Desires*, Evelyn Blackwood and Saskia Wieringa eds, Columbia University Press, 1999.

3. *Portraits to the Wall*, Rose Collis, Cassell, 1994.

4. *Hidden from History*, Martin Bauml Duberman, Martha Vicinus, George Chauncey eds, Penguin, 1989.

5. *Hidden from History*, Martin Bauml Duberman, Martha Vicinus, George Chauncey eds, Penguin, 1989.

6. *Hidden from History*, Martin Bauml Duberman, Martha Vicinus, George Chauncey eds, Penguin, 1989.

7. *Homophobia*, Byrne Fone, Metropolitan Books, 2000.

8. *Cassell's Encyclopedia of Queer Myth*, Symbol and Spirit, Randy P Conner, David Hatfield Sparks, Mariya Sparks eds, 1997.

9. *Hidden from History*, Martin Bauml Duberman, Martha Vicinus, George Chauncey eds, Penguin, 1989.

10. *Cassell's Encyclopedia of Queer Myth*, Symbol and Spirit, Randy P Conner, David Hatfield Sparks, Mariya Sparks eds, 1997.

11. 'What your dreams make you', Rae Trewartha, *New Internationalist*, November 1989.

12. *Portraits to the Wall*, Rose Collis, Cassell, 1994.

13. *Trans Liberation*, Leslie Feinberg, Beacon Press, 1998.

14. *Hidden from History*, Martin Bauml Duberman, Martha Vicinus, George Chauncey eds, Penguin, 1989.

15. *The Tradition of Female Transvestism in Early Modern Europe*, Lotte C van de pol and Rudolf M Dekker, Macmillan Press, 1989.

16. *Cassell's Encyclopedia of Queer Myth*, Symbol and Spirit, Randy P Conner, David Hatfield Sparks, Mariya Sparks eds, 1997.

■ 4장

1. *Homophobia*, Byrne Fone, Metropolitan, 2000.

2. *Sister Outsider—Essays and Speeches*, Audre Lorde, The Crossing Press, 1984.

3. *Homophobia*, Byrne Fone, Metropolitan, 2000.

4. *Homophobia*, Byrne Fone, Metropolitan, 2000.

5. *Hidden from History*, Martin Bauml Duberman, Martha Vicinus, George Chauncey eds, penguin, 1991.

6. *Hidden from History*, Martin Bauml Duberman, Martha Vicinus, George Chauncey eds, penguin, 1991.

7. *Different Rainbows*, Peter Drucker ed, Gay Men's Press, 2000.

8. *Homophobia*, Byrne Fone, Metropolitan, 2000.

9. *Third Sex, Third Gender*, Gilbert Herdt ed, essay by Serena Nanda, Zone Books 1993.

10. *Cassell's Encyclopedia of Queer Myth*, Symbol and Spirit, Randy P Conner et al eds, Cassell, 1997.

11. *Hidden from History*, Martin Bauml Duberman, Martha Vicinus, George Chauncey eds, penguin, 1991.

12. *Hidden from History*, Martin Bauml Duberman, Martha Vicinus, George Chauncey eds, penguin, 1991.

13. *The Men with the Pink Triangle*, Heinz Heger, Gay Men's Press, 1972.

14. *Hidden from History*, Martin Bauml Duberman, Martha Vicinus, George Chauncey eds, penguin, 1991.

15. *The Men with the Pink Triangle*, Heinz Heger, Gay Men's Press, 1972.

16. *The Global Emergence of Gay and Lesbian Politics*, Barry D Adam, Jan willem

Duyvendak, Andre Krouel eds, Temple university Press, 1999.

17. *Hidden from History*, Martin Bauml Duberman, Martha Vicinus, George Chauncey eds, penguin, 1991.

18. 'Sexual Politics', Jeffrey Weeks, *New Internationalist*, November 1989.

19. *Hidden from History*, Martin Bauml Duberman, Martha Vicinus, George Chauncey eds, penguin, 1991.

20. *Amazon to Zami*, Monika Reinfelder ed, Cassell, 1996.

21. *Homophobia*, Byrne Fone, Metropolitan, 2000.

22. *The Global Emergence of Gay and Lesbian Politics*, Barry D Adam, Jan willem Duyvendak, Andre Krouel eds, Temple university Press, 1999.

23. 'World Review', *Pink Paper*, London, 18 May, 2001.

24. Crimes of Hate, Conspiracy of Silence, Amnesty International, 2001.

25. *New Internationalist*, October 2000.

26. *Homophobia*, Byrne Fone, Metropolitan, 2000.

27. *Crimes of Hate*, Conspiracy of Silence, Amnesty International, 2001.

28. *New Internationalist*, October 2000.

29. 'World Review', *Pink Paper*, London, 18 May, 2001.

30. Crimes of Hate, Conspiracy of Silence, Amnesty International, 2001.

31. *The Anatomy of Prejudices*, Elisabeth Young-Bruehl, Havard University Press, 1996.

32. *Crimes of Hate*, Conspiracy of Silence, Amnesty International, 2001.

33. *Assault on Gay America*, Karen Franklin, 2000. www.pbs.org.

■ 5장

1. *Global Sex*, Robert Altman, Chicago University Press, 2001.

2. *The Global Emergence of Gay and Lesbian Politics*, Barry D Adam et al, eds, Temple University Press, 1999.

3. *The Global Emergence of Gay and Lesbian Politics*, Barry D Adam et al, eds, Temple University Press, 1999.

4. *New Internationalist*, October 2000.

5. *Female Desires*, Evelyn Blackwood and Saskia E Wieringa, Columbia University Press, 1999.

6. *New Internationalist*, October 2000.

7. 'Sexual Politics' by Jeffrey Weeks, New Internationalist, November 1989.

8. *Different Rainbows*, Peter Drucker ed, Gay Men's Press, 2000.

9. *Different Rainbows*, Peter Drucker ed, Gay Men's Press, 2000.

10. *The Global Emergence of Gay and Lesbian Politics*, Barry D Adam et al, eds, Temple University Press, 1999.

11. *Different Rainbows*, Peter Drucker ed, Gay Men's Press, 2000.

12. *The Global Emergence of Gay and Lesbian Politics*, Barry D Adam et al, eds, Temple University Press, 1999.

13. 'Sexual Politics' by Jeffrey Weeks, *New Internationalist*, November 1989.

■ 6장

1. *Cassell's Encyclopedia of Queer Myth*, Symbol and Spirit, ed Randy P Conner, David Hatfield Sparks, Mariya Sparks, Cassell, 1997.

2. *Cassell's Encyclopedia of Queer Myth*, Symbol and Spirit, ed Randy P Conner, David Hatfield Sparks, Mariya Sparks, Cassell, 1997.

3. *Facing the Mirror: Lesbian writing from India*, Ashwini Sukthankar, penguin, 1999.

4. *Cassell's Encyclopedia of Queer Myth*, Symbol and Spirit, ed Randy P Conner, David Hatfield Sparks, Mariya Sparks, Cassell, 1997.

5. *New Internationalist*, October 2000.

6. *Cassell's Encyclopedia of Queer Myth*, Symbol and Spirit, ed Randy P Conner, David Hatfield Sparks, Mariya Sparks, Cassell, 1997.

7. *Hidden from History—Reclaiming the Gay and Lesbian Past*, Martin Bauml Duberman, Martha Vicinus, George Chauncey eds, Penguin, 1991.

8. *Cassell's Encyclopedia of Queer Myth*, Symbol and Spirit, ed Randy P Conner, David Hatfield Sparks, Mariya Sparks, Cassell, 1997.

9. *New Internationalist*, October 2000.

10. *Cassell's Encyclopedia of Queer Myth*, Symbol and Spirit, ed Randy P Conner, David Hatfield Sparks, Mariya Sparks, Cassell, 1997.

11. *Cassell's Encyclopedia of Queer Myth*, Symbol and Spirit, ed Randy P Conner, David Hatfield Sparks, Mariya Sparks, Cassell, 1997.

12. *Cassell's Encyclopedia of Queer Myth*, Symbol and Spirit, ed Randy P Conner, David Hatfield Sparks, Mariya Sparks, Cassell, 1997.

13. *Hidden from History—Reclaiming the Gay and Lesbian Past*, Martin Bauml Duberman, Martha Vicinus, George Chauncey eds, Penguin, 1991.

14. *Cassell's Encyclopedia of Queer Myth*, Symbol and Spirit, ed Randy P Conner, David Hatfield Sparks, Mariya Sparks, Cassell, 1997.

15. *Cassell's Encyclopedia of Queer Myth*, Symbol and Spirit, ed Randy P Conner,

David Hatfield Sparks, Mariya Sparks, Cassell, 1997.

■ 7장

1. *The Penguin Atlas of Human Sexual Behavior*, Judith Mackay, Penguin, 2000.
2. *The Mismeasurement of Desire*, Edward Stein, Oxford University Press, 1999.
3. *The Myth of the Modern Homosexual*, Rictor Norton, Cassell, 1997.
4. *The Myth of the Modern Homosexual*, Rictor Norton, Cassell, 1997.
5. *The Mismeasurement of Desire*, Edward Stein, Oxford University Press, 1999.
6. *The Mismeasurement of Desire*, Edward Stein, Oxford University Press, 1999.
7. *The Cultural Construction of Sexuality*, Pat Caplan ed, Tavistock Publications, 1987.
8. *Queer Science: the Use and Abuse of Research into Homosexuality*, Simon Le Vay, MIT Press, 1996.
9. *The Mismeasurement of Desire*, Edward Stein, Oxford University Press, 1999.
10. *The Mismeasurement of Desire*, Edward Stein, Oxford University Press, 1999.
11. *ABC News*, 22 April, 1999.
12. *Queer Science: the Use and Abuse of Research into Homosexuality*, Simon Le Vay, MIT Press, 1996.

■ 8장

1. *Guevote*, Rolando Sanchez, Fama Film AG, Bern, Switzerland, 1997.
2. This chapter draws extensively from Zachary I Nataf' s article 'Whatever I feel' , *New Internationalist*, April 1998.
3. *New England Journal of Medicine*, Julliane Imperato-McGinley et al, 'Androgens and th eEvolution of Male Gender Identity Among Male Psuedo-Hermaphrodites' , No 300, 1979.
4. *Third Sex, Third Gender*, Gilbert Herdt ed, Zone Books, NY, 1994.
5. *Hermaphrodites with Attitude Quarterly*, Bo Laurent, Fall/winter, 1995~1996.
6. Quelle Difference? Biology dooms the Defense of Marriage Act, David Berreby, High Concept(Website: www.surfablebooks.com/wbmedical/).
7. *San Francisco Chronicle*, David Tuller, 'Intersexuals begins to Speak Out on Infant

Genital Operations', 21 June, 1997.

8. *Hermaphrodites with Attitude Quarterly*, Bo Laurent, Fall/winter, 1995~1996.

9. Trans Liberation, Leslie Feinberg, Beacon Press, 1998.

10. *Clinical Psychiatry News*, Katherine Maurer, vol 25, No 7, July 1997.

11. *Reclaiming Genders*, Kate More and Stephen Whittle eds, Cassell, 1999.

12. *Third Sex*, Third Gender, Gilbert Herdt ed, Zone Books, NY, 1994.

13. *Third Sex*, Third Gender, Gilbert Herdt ed, Zone Books, NY, 1994.

14. *Third Sex*, Third Gender, Gilbert Herdt ed, Zone Books, NY, 1994.

15. IGLHRC, 2000.

16. *Crime of Hate*, Conspiracy of Silence, Amnesty International, 2001.

17. *Reclaiming Genders*, Kate More and Stephen Whittle eds, Cassell, 1999.

18. *Third Sex, Third Gender*, Gilbert Herdt ed, Zone Books, NY, 1994.

19. *Trans Liberation*, Leslie Feinberg, Beacon Press, 1998.

Amazon to Zami, Monika Reinfelder ed, Cassell, 1996.

Cassell's Encyclopedia of Queer Myth, Symbol and Spirit, Randy P Conner, David Hatfield Sparks, Mariya Sparks eds, 1997.

Crimes of Hate, Conspiracy of Silence, Amnesty International, 2001.

Different Rainbows, Peter Drucker ed, gay Men's Press, 2000.

Facing the Mirror: Lesbian writing from India, Ashwini Sukthankar, penguin, 1999.

Female Desires, Evelyn Blackwood and Saskia E Wieringa eds, Columbia University Press, 1999.

Global Sex, Robert Altman, Chicago University Press, 2001.

Hidden from History, Martin Bauml Duberman, Martha Vicinus, George Chauncey eds, Penguin, 1989.

Homophobia, Byrne Fone, Metropolitan Books, 2000.

Lesbians talk Transgender, Zachary I Nataf, Scarlet Press, 1996.

Love in a Different Climate: men who have sex with men in India, Jeremy Seabrook, Verso, 1999.

Making Sexual History, Jeffrey Weeks, Polity, 2000.

Portraits to the Wall, Rose Collis, Cassell, 1994.

Queer Science: the Use and Abuse of Research into Homosexuality, Simon Le Vay,

MIT Press, 1996.

Reclaiming Genders, Kate More and Stephen Whittle eds, Cassell, 1999.

Sister Outsider: essays and speeches, Auder Lorde, The Crossing Press, 1984.

Social Perspectives in Lesbian and Gay Studies, Peter M Nardi and Beth E Schneider eds, Routledge, 1998.

The Cultural Construction of Sexuality, Pat Caplan ed, Tavistock Publications, 1987.

The Global Emergence of Gay and Lesbian Politics, Barry D Adam et al eds, Temple University Press, 1999.

The History of Sexuality, Michel Foucault, Penguin Books, 1976.

The Men with the Pink Triangle, Heinz Heger, Gay Men's Press, 1972.

The Mismeasurement of Desire, Edward Stein, Oxford University Press, 1999.

The Myth of the Modern Homosexual, Rictor Norton, Cassell, 1997.

The Penguin Atlas to Human Sexual Behavior, Judith Mackay, Penguin 2000.

The Tradition of Female Transvestism in Early Modern Europe, Lotte C van de Pol and Rudolf M Dekker, Macmillan Press, 1989.

Third Sex, Third Gender, Gilbert Herdt ed, essay by Serena Nanda, Zone Books 1993.
Trans Liberation, Leslie Feinberg, Beacon Press. 1998.

세계의 여러 곳에서 성 소수자 당사자들만이 성 소수자의 권리를 위해 투쟁하는 것은 성공하기 어려울 뿐 아니라 성 소수자들을 엄청난 위험에 몰아넣을 수 있다. 콜롬비아의 활동가 후안 파블로 오도네즈Juan Pablo Ordonez는, "자신이 이 적대적인 사회의 희생자가 아닌 동성애자와 이성애자 외부인들이 투쟁에 함께 해야 한다."고 말했다.

1. 국제 게이 레즈비언 인권 위원회(IGLHRC)

▶인권 옹호, 보고서, 비상 조치 네트워크 등을 통해 인권 침해를 막기 위한 캠페인을 벌이고 있다. 성원은 레즈비언, 게이, 양성애자, 트랜스젠더, 그리고 인체면역결핍바이러스 및 에이즈 감염자들이다.

주소 1360 Mission St, Suite 200, San Francisco, CA 94103, US

전화 +1 415 255 8680 팩스 +1 415 255 8662

전자우편 iglhrc@iglhrc.org 웹사이트 www.iglhrc.org

2. 국제사면위원회(Amnesyt International—International Secretariat)

▶1991년부터 국제사면위원회 강령에 레즈비언, 게이, 이성애자, 트랜스젠더라는 이유로 박해받거나 투옥된 이들의 인권 옹호를 포함시켰다. 23개 나라에서 동성애 단체가 있는 국제사면회지부가 활발하게 활동하고 있다.

주소 1 Easton Street, London WC1 8DJ

전화 +44 207 413 5500 팩스 +44 207 956 1157

전자우편 amnestyis@amnesty.org 웹사이트 www.amnesty.org

3. 국제 레즈비언 게이 연합(ILGA)

▸ 70개 이상의 국가에 있는 350개 이상의 엘지비티 인권 단체의 전 세계적 연맹이다. 국가별 정보 교류와 단체들 간의 연결을 통해 유용한 조사를 제공한다.

주소 81Kolenmarkt, B-1000 Brussels, Belgium

전화/팩스 +32 2502 2471

전자우편 ilga@ilga.org 웹사이트 www.ilga.org

4. 국제 젠더 해방(GFI)

▸ 세계 여러 곳에서 증가하는 트랜스젠더 인권 침해에 맞서 1999년에 창립되어 트랜스젠더의 인권을 위한 로비를 벌이고 있다.

전자우편 gif@gender.org 웹사이트 www.gendernet.org/gfi/

5. 한국의 동성애자 인권 운동 단체 웹사이트

동성애자인권연대 http://www.outpridekorea.com/ 02-778-9982

레즈비언권리연구소 http://www.lesbian.or.kr/ 02-334-2017

무지개숲(한국여성성소수자네트워크) http://cafe.daum.net/sprout2005

성소수자위원회(민주노동당) http://lgbt.kdlp.org/

친구사이(한국게이인권운동단체) http://chingusai.net/index.htm 02-745-7942

한국성적소수자문화인권센터 http://kscrc.org/ 0505-896-8080

한국레즈비언상담소 http://www.kirikiri.org/ 02-703-3542

한국에이즈퇴치연맹 http://www.kaids.or.kr/KFHAP_Html/Main.php 02-927-4071

LGBT건강세상(성적소수자건강증진을위한모임) http://cafe.daum.net/pridecare

■책

동성애의 역사
─문학과 예술을 통해 본 동성애, 그 탄압과 금기의 기록

플로랑스 타마뉴 지음, 이상빈 옮김, 이마고

중세부터 현대까지 역사적으로 동성애가 어떻게 변화해 왔는지 짚어 본 책이다. 시대별 동성애자들과 예술적 상징물을 살펴보면서 감추어졌던 동성애 '표현'의 역사를 추적한다. 특히 19세기 말 동성애에 대한 관점이 어떻게 획기적으로 바뀌었는지, 양지로 나온 동성애자들이 어떻게 스스로 이미지를 창조해 냈는지 집중 조명한다.

존 스토트의 동성애 논쟁─동성 간의 결혼도 가능한가?

존 스토트 지음, 양혜원 옮김, 홍성사

일부 국가에서 동성애 결혼이 합법화되고, 2005년 영국 성공회에서는 동성애자로 커밍아웃한 신부가 주교로 임명되고 있으나 기독교 안에서는 여전히 논쟁 중인 이슈가 바로 동성애다. 이 책은 기독교 내에서의 동성애를 둘러싼 다양한 시각들을 종합적으로 정리하고 교리와 교회 공동체 안에서 동성애와 동성애자가 공존할 수 있는 길을 모색하는 책이다. 반동성애 조직부터, 중도적 입장, 찬성 입장까지 다양하게 싣고 있다.

Is It a Choice?―동성애에 관한 300가지 질문

에릭 마커스 지음, 컴투게더 옮김, 박영률출판사

동성애자인 지은이가 동성애에 대한 가장 일반적인 질문들에 대해 답변한 책이다. 저널리스트로서의 장점을 십분 발취해 동성애자에 대한 편견을 바로잡아 준다. 연세대학교 동성애자 모임인 '컴투게더'가 번역을 맡았다.

한채윤의 섹스 말하기―한국 최초의 레즈비언 섹스 가이드 북

한채윤 지음, 해울

1998년 한국 최초의 동성애 전문지 『버디BUDDY』를 창간했고 '한국성적소수자문화인권센터' 부대표로도 활동 중인 지은이가 한국에서는 처음으로 펴낸 '레즈비언 성 안내서'다. 여성으로서 여성을 사랑하며 살아가길 원하는 여성들을 위해 만들어졌으나, 비단 여성 동성애자들에게만 머무르지 않고 이성애자 여성들에게도 큰 도움이 된다.

---

* '한국레즈비언상담소'에서 펴낸 자료집 『자주 묻는 질문과 답변』도 참고하면 좋다.

필라델피아

조나단 드미 감독, 1993년

동성애자인 변호사 앤드류는 필라델피아에서 유명한 법률사무소에 입사하여 촉망받는 변호사로 일한다. 회사에서 동성애자를 혐오한다는 것을 알게 되자, 동성애자라는 사실과 에이즈 환자임을 숨기고 일을 한다. 회사로부터 부당한 해고를 당한 앤드류는 질병에 의한 해고는 부당하다며 회사를 고소했고, 죽어 가면서도 자신의 신념과 권리를 위해 세상의 편견과 싸울 것을 결심한다.

후회하지 않아

이송희일 감독, 2006년

고아원에서 자란 수민은 대학에 가려고 서울에 왔다. 일상은 힘들어도 공장에 다니면서 대리운전까지 하며 열심히 살았다. 대리운전 중에 만난 재민과 사랑에 빠져 버린 수민. 재민의 마음을 거절하고 게이 호스트바에서 일을 하게 된 수민은 약혼녀와 결혼을 앞두고 자신을 찾아온 재민에게 흔들리고 만다. 계급이 다른 두 남자의 사랑, 현실을 비껴 간 순수한 애정은 가능할 것인가?

소년은 울지 않는다

킴벌리 피어스 감독, 1999년

1993년에 미국에서 일어났던 실제 사건을 영화로 만들었다. 장난삼아 머리를 자르고 남장을 하게 된 티나는 술집에서 치한들에게 놀림을 당하는 캔디스를 도와준 뒤 남자로서의 인생을 경험한다. 잠재되어 있던 성향이 깨어나자 티나는 더 이상 여자가 아니라 남자로 살고 싶어졌다. 하지만 여자임이 드러나자 청년들에게 성폭행을 당하게 되고, 받아들여지지 못하는 존재가 되고 만다.

엄마는 여자를 좋아해

다니엘라 페허만, 이네스 파리스 감독, 2002년

어느 날 엄마가 스무 살이나 어린 여자를 사랑한다는 고백을 받게 된다면 그 딸의 기분은 어떨까? 엄마가 동성애자였다는 사실을 알게 된 뒤 자신의 성적 정체성에 대해 의심하는 딸의 모습을 유쾌하게 그린 로맨틱코미디다.

해피 투게더

왕가위 감독, 1997년

아르헨티나의 부에노스아이레스를 배경으로 사랑하는 두 남자가 이별하고 그리워하며 부유하는 모습을 보여 준다. 정착하지도 못하고, 서로에게 독립하지도 못하는 상태를 감각적인 연출로 보여 준 왕가위의 뛰어난 영상과 장국영과 양조위의 호연이 돋보였던 영화다.

헤드윅

존 카메론 밋첼 감독, 2000년

독일에 살던 한셀은 미군의 라디오 방송에 빠져 미국 록스타의 꿈을 꾸게 된다. 미군 병사가 '여자'가 되면 미국에 데려가겠다고 하자, 성전환 수술을 받게 된 한셀. 값싼 시술 덕에 여자의 정상 가슴을 갖지 못한 채 미국으로 온 '헤드윅'이 받은 배신과 상처에 대한 이야기. 오프브로드웨이에서 유명했던 록뮤지컬을 원작으로 한 영화다.

메종 드 히미코

이누도 잇신 감독, 2006년

남자를 사랑하는 스스로에게 솔직하게 살겠다며 엄마와 자신을 버리고 간 아버지가 암에 걸렸다는 소식을 듣게 된 사오리. 아버지가 만든 게이들을 위한 실버타운 '메종 드 히미코'를 오가는 동안 아버지와 다른 동성애자들의 마음과 삶을 이해하게 된다.

브로크백마운틴

이안 감독, 2005년

브로크백마운틴의 카우보이로 만난 두 사람 애니스와 잭은 대자연 속에서 둘만 지내는 동안 서로를 사랑하게 되고 말았다. 그 감정을 거부하고 결혼도 하고 아이도 낳았으나 다시 만난 뒤에는 순식간에 다시 감정의 폭풍우에 휩쓸리고 만다. 그리워하면서 함께 지내지 못한 그들의 긴 이별에 대한 영화.

프리스트

안토니아 버드 감독, 1998년

젊지만 보수적인 신부 그렉은 리버풀 빈민가의 교구에 새롭게 배치받아 자유로운 매튜 신부와 지내게 된다. 가정부와 연인 관계를 맺고 있는 매튜에게 혼란을 느끼던 차에 그렉은 신부복을 벗고 들렀던 술집에서 그레이엄을 만나 깊은 사랑을 나누게 된다. 신부의 동성애가 알려지자 그렉은 자살을 시도하고, 모든 이의 비난 속에서 갈 길을 잃는다.

로드 무비

김인식 감독, 2002년

거리에서 살아가던 대식은 술에 취해 쓰러진 펀드매니저 석원을 돌봐주게 된다. 몸과 마음을 추스린 석원과 대식은 여행을 떠나게 되고, 여행에서 만난 여자 일주가 대식을 사랑하게 돼 뜻하지 않은 삼각관계에 빠지게 된다. 세 사람의 엇갈리는 사랑과 불편한 여행의 이야기.

■ 한국의 동성애 인권 운동

가장 필요한 것은
자기 스스로를 긍정하는 힘!

정리―이후 편집부

《아주 특별한 상식 NN―성적 다양성》에 들어 있는 이야기들이 새롭고 체계적이기는 하지만 한국의 상황을 구체적으로 담고 있거나 우리에게 꼭 맞는 내용들은 아니어서 아쉬움이 있었습니다. 십 년 동안 동성애자들의 더 나은 삶을 위해 활동하고 있는 동성애자인권연대 활동가를 만나 한국의 동성애자들이 처한 상황에 대해 들었습니다.
이 인터뷰는 2007년 5월 14일 동성애자인권연대 사무실에서 이루어졌습니다.
(동성애자인권연대 02-778-9982 lgbtpride@empal.com)

동성애자인권연대의 시작

1995년도에 우리나라에 성 정치 담론이 많이 들어오게 된다. 동성애자들은 익명을 보장받을 수 있는 피시통신에서 많이 만나기 시작했다. 이후 '친구사이'나 '끼리끼리' 같은 단체도 만들어지게 되었다. '대학동성애자인권연합(동인련의 전신)'도 이때 만들어졌다. 동성애자뿐만 아니라 동성애자의 인권을 지지하는 이성애자들과 함께 할 수 있는 운동은 무엇일까를 고민하기 시작했고, 동성애 해방의 문제가 그들만의 문제가 아니라 사회 진보와 맞물려 있다는 결론을 내렸다. 1997년에 노동법이 날치기 통과됐을 때 '대학동성애자연합'에서 처음 무지개 깃발을 들고 나가 연대 활동을 시작했다. 억압받는 노동자, 진보적 민중과 함께 싸우

겠다는 커밍아웃이었다. 그 뒤 '동성애자인권연대' (이하 동인련)라는 이름으로 바꾸면서 본격적인 활동을 시작하게 됐다.

한국에서 동성애자로 살아간다는 것

아직도 우리 사회에 동성애자에 대한 편견은 가득하다. 그러한 편견으로 동성애자들은 온갖 위험에 노출되어 있다. 몇 년 전 동인련의 한 회원이 자살을 했다. 동성애자인 아들이 자살을 했는데 집에서는 장례식장에 아예 오질 않았다. 내 아들이 아니다, 하시면서. 결국 활동가들이 장례까지 다 치렀다. 사회에서 보는 동성애자에 대한 편견이 그대로 드러나는 일이다. 부끄러워하고, 괴물 취급하고.

직장 문제, 결혼 문제 같은 것들도 한국의 동성애자가 겪어야 하는 어려움이지만 가족이나 친구에게 스스로에 대한 이야기를 하지 못하면서, 무엇보다 자기 스스로를 긍정하지 못하는 것이 가장 큰 어려움이다.

동성애가 청소년에 유해하다고 믿는 사회

1990년 말에 정보통신윤리위원회에서 동성애를 '퇴폐 2등급' 으로 분류했다. 그렇게 되면서 '수호천사' 라는 프로그램 때문에 '동성애' 라는 단어를 검색하면 아무 데도 들어갈 수 없게 되었다. 동성애에 아예 접근조차 못 하게 하는 조항이었다. 당시 동성애 홈페이지 '엑스존' 이라는 곳이 있었는데, 접근이 완전히 차단되게 된 것이다. 청소년 보호법 조항 가운데는 동성애 사이트를 차별하는 조항까지 있어서 싸움이 더 커지게 됐다.

국가인권위원회에서 위원회에 삭제 권고를 해도 청소년위원회에서는 꿈쩍도 하지 않았고, 한국기독교총연합회에서 '국가 기관이 동성애를 권장하는가?' 라는 성명서를 발표했다. 그 과정에서 육우당(가명)이라는 친구가 2003년, 자살하기에 이른다. 육우당은 신앙심 깊은 가톨릭 신자였는데, 스스로의 성 정체성과 사회 분위기 사이에서 고민하다가 결국은 목숨까지 끊게 되는 결과가 나온 것이다. 그 일

을 계기로 동인련에서 그해 5월 노동절 집회에 '더 이상 동성애자를 죽이지 말라'
고 외치게 되었다.

동성애자 차별 조항을 없애려고 탄원서도 냈고, 대학로에서 거리 캠페인도 했
다. 커밍아웃을 하지 못한 회원들은 혹시라도 아는 사람 만날까 봐 무서워해야 했
다. 아는 사람 보이면 잠깐 숨었다가 돌아오기도 하면서 5일 동안, 3천 명이 넘는
이들에게 서명을 받았다.

결국 '엑스존' 사이트 문제는 고등법원과 대법원에서 모두 지기는 했다. 판결
문에 동성애자의 인권을 보장해야 한다는 설명이 첨부되면서 결국 청소년위원회
가 그 조항을 삭제하게 됐다.

동성애 때문에 '벌점'을 받아야 하는 청소년들

미국 청소년 자살률 중 성 정체성 때문에 자살하는 이들이 30퍼센트라는 통계
가 있다. 우리나라도 더하면 더하지, 덜하지는 않을 것이라 생각한다. 청소년 동
성애자 가운데 50퍼센트 이상이 자살을 고민한 적이 있고, 그 가운데 30~40퍼센
트 정도가 실제로 행동에 옮긴다는 조사가 있었다. 얘기를 들어보면, 요즘의 우리
학교에서는 여자아이들이 외형적으로 짧은 칼머리를 하거나, 남자처럼 하고 다니
거나 여자끼리 손잡고 다니거나 하면 '벌점'을 매긴다. 당연히 학교 성적에 반영
이 된다.

동성애 관계가 아닌 두 친구가 아주 친하게 지내는 모습을 보고, 어느 여선생이
아이들을 '사랑의 교실'이라는 체벌실에 불러다 놓고 성경 두 권을 나누어 주더
란다. 이거 한 권을 다 베껴 써라, 지금 너희들은 악마의 꼬임에 넘어가 있는 상태
니 이걸 다 쓰면 하나님이 너희를 용서하실 것이다, 그랬다.

일단 교사가 알게 되면 아이의 의사와는 상관없이 부모에게 알려진다. 아웃팅
을 당하는 것이다. 그러면서 정신병원에 이리저리 끌려 다니는 아이들도 상당수
있고 학교에서 쫓겨나거나 스스로 학교를 나오는 친구들이 생긴다. 성 정체성 때
문에 고민하는 친구들이 생각보다 굉장히 많다. 집에 알려져서 여기저기 병원 돌

아다니다가 우리 단체로 찾아온 회원들도 많다.

갈 곳이 없는 동성애 청소년들

청소년상담소에서는 이 아이들의 존재를 잘 모른다. 이 아이들만을 위한 쉼터도 없다. 어떻게 대해야 할지, 상담해야 할지, 이끌어야 할지 전무한 상태니 쉼터에서도 부담스러워한다.

그래서 동인련은 '청소년 성 소수자를 어떻게 상담할 것인가'를 주제로 프로그램을 진행하기도 하고, 예비교사인 사범대생을 대상으로 동성애 워크숍도 한다. 그들이 현장에 나가게 되면 아이들을 만나는 일이 당연히 많아질 것이기 때문이다.

미국에서는 '7분 교육'이라고 해서 성교육 시간 가운데 7분을 의무적으로 동성애 교육에 할애하고 있다. 하지만 우리나라에서는 젠더에 대한 이야기는 전혀 없고 오로지 성 관계에 대해서만, 피임과 낙태에 대해서만 이야기를 한다.

청소년기를 그렇게 보낸 동성애자들은 성장하면서 직장에서, 군대에서, 가정 안에서 이중 삼중의 고통을 감내해야 하는 어른이 된다.

군대 내 동성애 차별 금지를 위한 활동

2006년 2월, 동인련으로 메일이 하나 왔다. 훈련소에서 비밀이 보장된다는 약속을 받고 성 정체성에 대한 이야기를 했는데, 훈련병들에게 비밀이 퍼진 것은 물론 의무대에 끌려가 에이즈 검사를 강요당했다고 했다. 스스로 동성애자라는 것을 증명하려면 성 관계를 하고 있는 사진을 증거 자료로 내놓으라는 황당한 이야기를 들어야 했다. 동인련으로 메일을 보냈던 그 군인은 자살 직전까지 내몰린 상황이었다. 인권침해임이 분명하기에 동성애자단체, 인권단체들과 민주노동당 최순영 의원실의 도움을 받아 이 피해자를 지켰다. 이 피해자는 군대에 의해 '주요 우울장애, 외상 후 스트레스 장애 의증' 진단을 받고 전역 판정을 받았다. 흔히 군은 동성애자를 성性 군기를 문란하게 만드는 가해자로 취급하고 있다. 하지만 이 사례를 보더라도 동성애자는 자신의 정체성을 감추기에 전전긍긍하며 복무하고 있다. 정체성이 드러남과 동시에 대부분의 동성애자들은 강제로 에이즈 검사를 받고 정신병동에 갇혀 알지도 못하는 약을 먹어야 한다. 과연 누가 가해자인가?

동성애자로 대한민국 군인이 된다는 것

군 형법 제92조에 보면 '계간鷄姦 금지 조항' 이라는 것이 있다. 남성 동성애자들의 행위는 닭들이나 하는 짓이다, 라는 비하적 용어다. 이를 위반했을 때는 1년 이하의 징역에 처한다는 조항이 있다. 만약 군대 내에서 동성애자가 아닌 사람이 강제로 성폭행을 하는 경우가 있다면 성폭력방지법에 의한 제재를 받는 것이 아니라 그 조항 위반으로 걸리는 것이다. 우리가 문제 제기를 해도 군 당국에서는 '계간' 이라는 용어는 절대 바꿀 수 없다는 입장이다. 그래야 군 기강이 선단다.

문제가 터지자 2006년 2월, 국방부에서 발표한 '병영 내 동성애자 관리지침' 이라는 것이 있다. 이런 것이 바로 군대라는 조직이 동성애자를 차별하고 억압하는 증거다. 이 지침 내용을 보면 군대 안 가려고 동성애자인 척하는 이들이 있을 수 있으니 이들을 철저히 차단해야 한다, 병영 내에서 동성애 행위를 못 하게 해야 한다, 동성애자들에게 체육 활동과 동아리 활동으로 관심을 돌려야 하고, 만약 이성애자로 '전환을 희망' 하면 적극 지원해야 한다, 같은 것들이다. 이것이 국방부가 동성애에 대해 이해하는 수준이다.

동성애자들이 군대 가면 범죄자가 되고 가해자가 될 것이라는 인식 때문에도 차별을 많이 받고 있다. 모병제인 미국은 "Don't ask, Don't tell" 원칙을 고수한다. 묻지도 말고 말하지도 말라는 것이다. 어떤 의미에서는 그것 또한 억압이기는 하지만……. 대만이나 독일 같은 징병제 국가에서는 양심적 병영 거부자를 위한 대체 복무제가 일반화되고 보편화되어 있다. 우리나라도 그런 제도가 필요한 시기다. 종교 문제로 군대에 가지 않겠다는 이들에 대한 대체 복무는 긍정적으로 생각해 보겠다는 분위기인데, 전쟁에 반대한다거나, 개인 정체성 문제 때문에 가지 않겠다고 하면 여지없이 징역을 살다 나와야 한다.

동성애자로 일한다는 것

어느 여성분이 상담을 요청했다. 능력을 인정받으면서 회사에 잘 다니던 분이었다. 어느 날 여자친구와 주고받은 메일을 누가 우연찮게 보고 그게 소문이 나서 난데없이 지방 순환 근무를 다니게 됐다. 일종의 권고사직이었다. 어쩔 수 없이 회사를 그만둘 수밖에 없었다. 성 정체성이 알려지면서 해고 명분이 없는데도 시달리게 되는 것이다. 국가인권위원회에서 국무총리에게 권고한 '차별금지법'은 이러한 차별을 막을 수 있는 대안이 될 수 있을 것이다.

미국에서는 성적 취향 문제로 차별하거나 해고해서는 안 된다는 것이 너무도 분명하게 명시되어 있다. 혹시 차별했다는 이야기가 있다 하더라도, 그러지 않았다는 증거를 모으고 증명해야 하는 것도 회사의 의무다.

결혼하지 않고 동성애자로 살아간다는 것

우리나라는 소위 말해서 민족주의가 상당히 강한 나라다. 그런 틈에서 동성애자는 비껴가는 존재일 수밖에 없다. 이주 노동자, 장애인, 북에서 넘어온 이들, 동성애자들이 공격받는 것은 민족을 강조하는 기득권에서, 우리만의 독특한 배타성에서 비롯된다.

어느 해 대학 강연에서 어느 학생이 이렇게 묻더라. 동성애라는 것은 세상이 정해 놓은 이치와 종족 번식의 원칙에 반하는 거 아니냐, 그러니 잘못된 거 아니냐 하고. 내가 물었다. 그러면 모든 섹스는 오로지 종족을 위한 섹스인 거냐고. 다양성을 인정하지 못하고 결혼을 하고 가족을 만드는 것이 당연하다고만 한다. 하지만 결혼한 열 쌍 가운데 다섯 쌍이 이혼하는 상황 아닌가. 한 부모 가족이나 비혼모도 많은데, 오로지 남자와 여자가 만나 아이를 낳은 가족만이 온전한 가족이라고 보는 것은 한계다.

동성 커플의 결혼에 대해서도 고민은 많이 하고 있다. 4년 전, 우리 회원 커플이 친한 친구들만 모아 놓고 결혼식을 올렸다. 하지만 일단 신혼여행을 못 갔다. 가족수당은 물론이고, 보험 상속인으로 등록도 못 한다. 연금에서도 배제가 되고, 불이익이 상당히 많다.

몇 년 전, 십 년 넘게 사실혼 관계였던 여자 두 분이 헤어지면서 재산 분할 문제를 해결해 달라고 인천지법에 걸었다. 평결이 이렇게 났다. 대한민국에서 결혼은 양성 간의 혼인에만 기초하므로 이 두 사람의 경우에는 거기에 해당사항이 없다고. 게이 커플이 공개 결혼식을 하고 은평구청에 혼인신고를 하러 갔다가 반려당한 일도 있다.

가족 제도에 대한 문제 제기부터 시작해야 할지 어떻게 하는 게 좋을지 고민 중이다. 왜냐하면 캐나다의 동성 결혼, 입양권을 획득하는 투쟁의 과정을 보더라도 '동성 결혼'을 쟁취하는 것은 여타 다른 차별을 제거하는 과정에서 상승 과정을 통해 제기할 수 있는 정점의 문제라고 판단되기 때문이다. 아직 자신의 존재 자체가 차별받는 상황인데도 흔히 언론에서 '외국이 이러니 우리 사회는 어떠한가?'라고 묻는다. 마치 결혼이란 제도를 이벤트처럼 받아들이는 모습이 안타깝기만 하다.

동성애자에 대한 사람들의 오해

1997년에 영화 〈해피 투게더〉가 상영 금지 조처를 받은 뒤 복사본이 전국의 대학을 한 바퀴 돈 적이 있다. 최근에는 홍석천 씨의 커밍아웃이 동성애자들의 삶을 널리 알리는 데 도움이 됐고 트랜스젠더 하리수 씨 덕분에 성적 다양성에 대한 논의가 수면 위로 올라왔다. 흔히 "〈왕의 남자〉란 영화가 일반 사람들에게 동성애에 대한 생각을 어떻게 바꾸어 놓았다고 보세요?", "요즘 매체에서 동성애가 많이 그려지는데 이게 동성애자들에게 어떤 영향을 미친다고 보세요?" 하고 묻는 사람들이 있다. 동성애를 하나의 문화 코드로 읽고 하나의 유행이나 기류처럼 바라보기에 어떠한 영화 어떠한 드라마, 시에프가 나오면 '유행'처럼 물어보는 질문이다. 좀 더 깊게 바라보았으면 한다. 학교에서, 군대에서, 직장에서 차별받는 사람들이

있다는 것을 살펴보았으면 한다. 문화적 코드로 읽는 것에 대한 또 한 가지 문제점
이 있다. 〈퀴어 에즈 포크〉나 〈윌 앤 그레이스〉, 〈섹스 앤 더 시티〉 같은 데 나오
는 모습을 보면 전형적으로 게이는 멋있고 핸섬하고 스타일리쉬하고 깔끔하고, 레
즈비언들은 자기 일에 되게 분명하고 늘씬하고 등등등으로 그려진다. 현실은 그
렇지 않다.

동성애자들이 그런 사회적 지위를 가지려면 학별도 좋아야 하고 직장도 좋아야
하고 돈도 많이 벌어야 하는데, 그럼 그런 환경에 있지 못한 사람은 동성애자가 되
면 안 되는 것인가? 상담 가운데 지방에서 농사짓는 사람이라고, 어디 가면 그런
남자들을 만날 수 있는지 가르쳐 달라는 전화가 온 적이 있다. 인터넷 주소 알려
드렸더니 인터넷 못 한다고 하시더라. 동성애자라고 해서 다 대학에 가는 것도 아
니고, 다 대그룹에 다니는 것도 아니다. 배우지 못한 분들도, 어렵게 사는 분들도
상당히 많은데 문화적인 코드로, 멋있는 사람들로만 그려져서는 곤란하다.

동성애자와 에이치아이브이/에이즈

기독교에서는 성적 다양성으로 동성애를 보지 못하고 심판의 날 운운한다. 게
다가 동성애자의 문란한 성생활이 에이즈를 부른다는 식으로 공격한다. 에이즈는
질병이 만들어 낸 은유가 가장 많이 담겨 있다. 신이 내린 형벌, 문란한 동성애자
들의 질병, 걸리면 반드시 죽는 질병이라고 말이다. 하지만, 에이즈는 도덕적 타락
이 아닌 '질병'이며, 동성애자는 물론 이성애자도 걸릴 수 있는 '질병'이다. 그리
고 에이즈에 걸렸다고 해서 바로 죽음으로 달려가는 것이 아니다. 교통사고로 죽
을 확률보다 더 낮은 '질병'인 것이다. 최근에 방영한 드라마 〈고맙습니다〉가 우
리한테는 참 고마운 드라마다. 하지만 드라마에 담지 못한 현실도 물론 있다. 에이
즈에 걸린 꼬맹이 봄이가 커서 그 지역을 떠나 살려고 하면 일단 국가에 신고를 해
야 한다. 사랑하는 사람이 생겨서 성관계를 가지려고 하면 에이즈 환자라는 사실
을 반드시 얘기해야 하고, 그렇지 않았을 때 처벌을 받아야 한다. 약을 먹고 싶어
도 다국적 제약 회사가 개발한 약 가운데 한국에 수입되는 몇 가지만 선택할 수 있
다. 보험약가가 마음에 들지 않는다고 시장에 내놓지 않는 약에는 접근할 수 없다.

잘 관리하면 오래도록 살 수 있는데도 온갖 어려움을 겪어야 하는 것이다.

회원 가운데 한 분도 감염자다. 그분은 주사제인 약을 맞아야 하는데, 그 약도 우리나라에서 2만5천 원을 매겼더니 다국적기업이 4만5천 원을 받아야겠다고 우겨서 팔지 않는 상태다. 다국적 제약 회사들은 약값을 높게 해 주지 않으면 새로운 약물을 개발할 수 없다고 하지만 그들이 연구 개발에 사용하는 금액은 전체 매출액의 11퍼센트에 지나지 않는다. 나머지는 광고나 로비에 쓰이고 있다. 수없이 많은 폭리를 취하는 이들은 전 세계 최고 수익률 기업 10위 안에 다 이름을 올려놓고 있다. 아프리카 에이치아이브이/에이즈 감염 인들은 약이 없어 죽어 가는 것이 아니라 약값이 없어 죽어 가고 있다. 다국적 제약 회사는 에이즈 환자들을 그렇게 죽이고 있다.

동인련의 꿈

육우당이 먼저 세상을 떠난 뒤 활동가들은 '동성애 문제로 더 이상 자살하는 동성애자, 성 정체성 때문에 학교를 떠나거나 집을 나오는 친구들이 없어야 한다.' 고 생각하고 있다. 모여서 이렇게 저렇게 해 보자 말은 하지 않았지만 그 친구가 남긴 몫은 언제나 우리 곁에 함께하고 있는 듯하다. 성 정체성 상담과 인권 상담을 체계적으로 할 수 있는 상담 센터 활동, 청소년 동성애자 성 소수자들을 위한 쉼터를 만드는 것이 우리의 꿈이다. 그리고 청소년 상담원들에게 제대로 된 교육을 하고 현장 교사들을 교육하는 시스템을 만드는 것이 목표다. 아이들은 커밍아웃할 때도 또래집단한테 가장 먼저 하고 어른들에 대한 반감이 높아서 우리 단체에도 편하게 찾아오지 못한다. 아이들이 편안히 여길 수 있는 공간을 만들고 싶다.

청소년 사업을 제도화시키는 것이 가장 중요하고, 상담원 교육, 학교 현장과 사범대생 교육 또한 잘하고 싶다. 청소년, 가족, 성 정체성, 에이즈 문제 등등의 상담을 특화시키는 일을 꾸준히 할 작정이다.

이렇게 상담과 교육을 서서히 분리시키고 동인련은 그야말로 활동에 초점을 맞추고자 한다. 국가인권위원회에서 만든 차별금지법을 통과시키는 것이 과제다. 얼마 전 이명박 대선 후보가 천박한 인권 감수성을 드러내는 발언을 했다. 조지

부시와 마찬가지로 자신 역시 '호모포비아'임을 커밍아웃한 것이다. 미국 대선에서 낙태, 동성 결혼은 큰 화두였다. 2007년 대선에서 정책적으로 문제제기를 하는 것도 중요한 활동이다. 동성 결혼에 대한 자료를 모으는 활동, HIV/AIDS 감염인 인권 보장을 위한 활동 등도 꾸준히 할 예정이다. 사회 진보를 향한 연대 활동에 동참하는 것 또한 당연하다.

동인련은 대중조직이다. 회원은 다양한 정체성을 지닌 성 소수자들과 동성애자 인권을 지지하는 이성애자들이다. 기업과 정부의 지원금을 전혀 받지 않는 상황에서 회비만으로 십 년을 끌어왔다는 것 자체가 놀랍다. 활동가들과 동성애자를 차별하는 사회를 반대하는 사람들의 힘이 아니겠는가. 동인련에 재정 후원은 동성애자 차별을 끊기 위한 활동에 더 큰 힘이 될 것이다. 올해로 동인련은 활동 십 년을 맞는다. 십 년 동안 어떠한 활동과 어떠한 성과를 얻었는지 차분히 뒤돌아보고 앞으로의 십 년을 계획할 것이며, 자신을 긍정하는 힘으로 성 정체성, 성적 지향이 차별받지 않는 다른 세계를 향해 달릴 것이다.

결국 섹슈얼리티는 행복의 문제다

김고연주

　나에게 신분을 물어보는 사람은 크게 세 부류인데, 그들은 미용사, 보험설계사, 그리고 '도를 아십니까'다. 그들은 대체로 '학생'이냐고 물어보는데 나는 그 질문을 들을 때마다 난처해진다. 박사 과정에 있으니 학생이긴 하지만 대학에서 학생들을 가르치니 선생이기도 하다. 하지만 학기에 따라 강사가 되었다 안 되었다 하기 때문에 강사가 직업이라고 하기도 어렵다. 이 복잡한 상황을 설명할 수 없어서 대충 학생이라고 대답해 버린 후에 마음이 찜찜해지는 것은 어쩔 수 없다. 문제는 내가 스스로를 학생도 선생도 아니라고 생각하지만, 그것을 표현하는 단어가 없다는 데 있다.

　무언가를 설명하고 이해하는 데에는 언어가 필요하지만, 지금 나의 상황처럼 학생과 선생이라는 상호 배타적 범주의 언어로는 설명과 이해가 불가능하다. 이처럼 배타적 범주화는 세상을 이해하는 편리한 방법이긴 하지만 한편으로 세상을 제대로 이해하지 못하게 하기도 한다.

바네사 베어드의 책 《아주 특별한 상식 NN─성적 다양성》은 섹슈얼리티와 관련하여 이러한 상황을 잘 보여 준다. 전 세계를 지배해 온 남자와 여자, 이성애자와 동성애자, 남성성과 여성성이라는 이분법은 두 범주의 사이에 있거나 또는 두 범주를 미끄러지며 이동하는 사람들을 보이지 않게 만들어 왔다. 이 책은 이들이 어떻게 존재해 왔는지를 시간과 공간이라는 두 개의 큰 축을 가로지르며 보여 준다. 바네사 베어드의 방대한 접근은 지금까지 거의 알려지지 않았던 흥미로운 정보들을 제공하고 있으며, 이를 통해 가장 사적이고 은밀한 것이라고 간주되었던 섹슈얼리티가 사실은 노골적으로 정치화되었음을 주장한다. 특히 절대 진리로 신뢰되었던 과학과 종교가 어떻게 성적 소수자들을 억압하는 데 동원되거나 앞장섰는지를 드러냄으로써 과학과 종교를 상대화시키고 있는 것은 성적 다양성이라는 가치에 힘을 부여하는 지점이다.

인권을 위해 투쟁하는 많은 성적 소수자들은 이들이 수적으로 소수가 아니라 권력에 있어서 소수라는 점을 증명하고 있다. 성적 소수자의 섹슈얼리티가 다양성과 인권이라는 이름으로 지지되어야 한다는 주장은 매우 설득력이 있다. 특히 정치적인 올바름의 추구가 개인의 성찰성을 가늠하는 기준이 되고 있는 오늘날에는 더욱 그러하다. 그러나 성적 다양성은 설득의 문제, 곧 머리의 문제가 아니다. 다수자로서 소수자를 인정해 주겠다는 시혜가 아니라 그것을 나 자신과 분리되지 않은 문제로 느끼는 것이 필요하다. 성적 다양성을 마음으로 느끼는 것은 나의 섹슈얼리티의 복잡성과 모호성을 인정하는 것에서 출발하는지도 모른다.

이 책을 번역하면서 섹슈얼리티는 사랑의 문제라는 생각이 들었다. 나는 누구인가, 무엇을 좋아하는가, 누구를 욕망하는가 등 자신을 사랑하고, 타인을 사랑하면서 불거져 나오는 것이니 말이다. 그래서 결국 섹슈얼리티는 행복의 문제인 것 같다. 모두가 행복하다면 그것만큼 행복한 세상이 어디 있겠는가. 이는 이 책을 읽는 우리 모두의 몫일 것이다.

마지막으로 이 책의 번역을 맡겨 주신 이후 출판사에 감사드린다. 번역 작업을 통해 나 자신이 많은 것을 배울 수 있었고, 나아가 용감한 정치적 기획인 《아주 특별한 상식 NN》 시리즈에 동참할 수 있어서 뿌듯했다. 번역이 잘못된 곳이 있다면 역자의 부족함 때문임을 밝힌다.

《아주 특별한 상식 NN-성적 다양성》

성적 다양성, 두렵거나 혹은 모르거나

지은이 | 바네사 베어드
옮긴이 | 김고연주
펴낸이 | 이명희
펴낸곳 | 도서출판 이후
편집 | 김은주, 김진한
표지 · 본문 디자인 | Studio Bemine

첫 번째 찍은 날 | 2007년 7월 27일

등록 | 1998년 2월 18일 (제13-828호)
주소 | 121-836 서울시 마포구 서교동 325-1 원천빌딩 3층
전화 | 전화 (대표) 02-3141-9640 (편집) 02-3141-9643 (팩스) 02-3141-9641

ISBN 978-89-88105-98-6 04300
ISBN 978-89-88105-93-1 04300 (세트)

이 도서의 국립중앙도서관 출판시도서목록(CIP)은
e-CIP 홈페이지(http://www.nl.go.kr/cip.php)에서 이용하실 수 있습니다.
(CIP제어번호: CIP 2007001749)

값 9,500원